科学。奥妙无穷▶

船长海上日记

刘晓玲 编著

北方妇女儿童出版社

CAPTAIN JAMES COOK
1728 – 1779

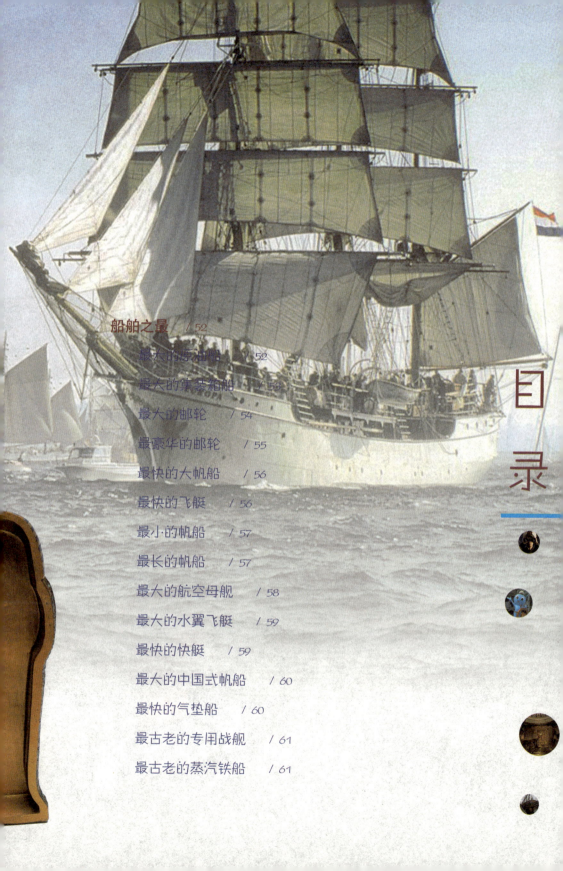

目录

目

录

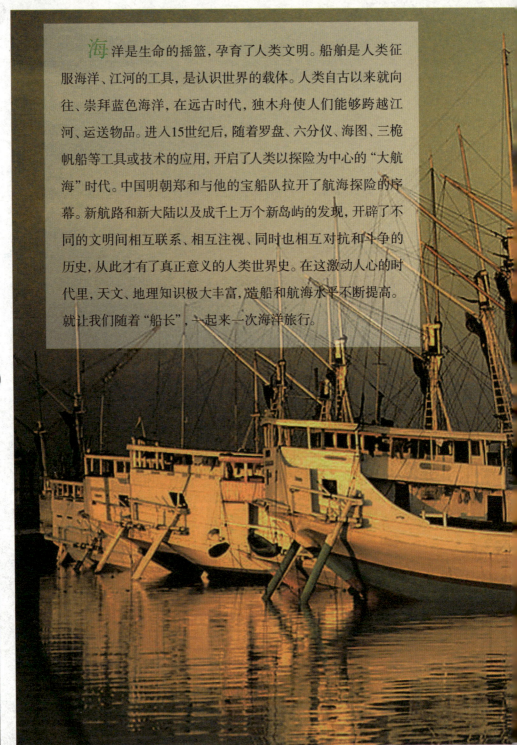

海洋是生命的摇篮，孕育了人类文明。船舶是人类征服海洋、江河的工具，是认识世界的载体。人类自古以来就向往、崇拜蓝色海洋，在远古时代，独木舟使人们能够跨越江河、运送物品。进入15世纪后，随着罗盘、六分仪、海图、三桅帆船等工具或技术的应用，开启了人类以探险为中心的"大航海"时代。中国明朝郑和与他的宝船队拉开了航海探险的序幕。新航路和新大陆以及成千上万个新岛屿的发现，开辟了不同的文明间相互联系、相互注视、同时也相互对抗和斗争的历史，从此才有了真正意义的人类世界史。在这激动人心的时代里，天文、地理知识极大丰富，造船和航海水平不断提高。就让我们随着"船长"，一起来一次海洋旅行。

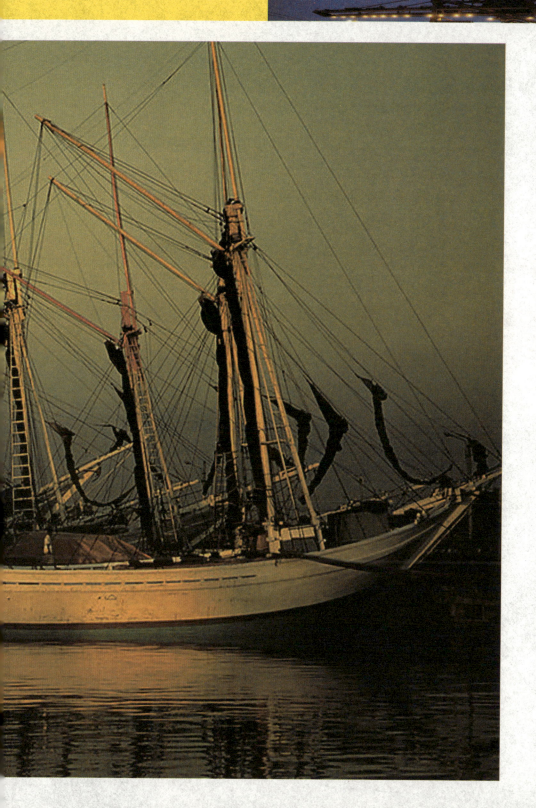

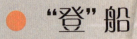"登"船

船是重要的水上交通工具。在石器时代就出现了最早的船——独木舟（把一根圆木中间挖空）；然后，出现了有桨和帆的船；后来又出现了用蒸汽或柴油发动机提供动力的船；今天人们用太阳能和喷气式发动机作为船的动力，航行的速度令人吃惊，最高时速已经达到500千米以上了。

船的基本结构 >

　　利用机器推进的大船都可称为轮船。小一点的船叫小船（舟或艇）。每一只轮船都有一个叫船身的身体。早期的轮船是木制的，在船两侧或尾部装有带桨板的轮子，用人力转动轮子，桨板向后拨水使船前进。现在的轮船，船身多用金属制成，以发动机作动力，并使用了螺旋桨。所有的船体都是中空的，因而重量较轻，能浮在水面上。船锚一般位于船头，也有前后都有船锚的，而螺旋桨则总是装在船尾。

船体部位 >

　　船体由甲板、侧板、底板、龙骨、旁龙骨、龙筋、肋骨、船首柱、船尾柱等构件组成。

　　龙骨：龙骨是在船体的基底中央连接船首柱和船尾柱的一个纵向构件。它主要承受船体的纵向弯曲力矩，制作舰船模型时要选择木纹挺直、没有节子的长方形截面松木条制作。

　　旁龙骨：旁龙骨是在龙骨两侧的纵向构件。它承受部分纵向弯曲力矩，并且提高船体承受外力的强度。舰船的旁龙

骨常用长方形截面松木条制作。

肋骨：肋骨是船体内的横向构件。它承受横向水压力，保持船体的几何形状。舰船模型的肋骨常用三合板制作。

龙筋：龙筋是船体两侧的纵向构件。它和肋骨一起形成网状结构，以便固定船侧板，并能增大船体的结构强度。舰船模型的龙筋通常也由长方形的松木条制作。

船壳板：船壳板包括船侧板和船底板。船体的几何形状是由船壳板的形状决定的。船体承受的纵向弯曲力、水压力、波浪冲击力等各种外力首先作用在船壳板上。舰船模型的船壳板可以用松木条、松木板拼接黏结而成。

舭龙骨：有些船体还装有舭龙骨，它是装在船侧和船底交界的一种纵向构件。它能减弱船舶在波浪中航行时的摇摆现象。舰船模型的舭龙骨可以用厚0.5~1毫米的铜片或铁片制作。

船首柱和船尾柱：船首柱和船尾柱分别安装在船体的首端和尾部，下面同龙骨连接，它们能增强船体承受波浪冲击力和水压力，还能承受纵向碰撞和螺旋桨工作时的震动。

最大尺度：也称全部尺度或周界尺度，它可以决定停靠码头泊位的长度，是否可以从桥下通过，进某一船坞。

全长（最大长度）：指船舶最前端与最后端之间（包括外板和两端永久性固定突出物在内）水平距离。

全宽（最大宽度）：包括船舶外板和永久性固定突出物在内的垂直于纵中线面的最大水平距离。

最大高度：自龙骨下边至船舶最高点之间的垂直距离。它减去吃水，即可得水面以上的船舶高度。

登记尺度：是主管机关在登记船舶和计算船舶总吨位、净吨位时所使用的尺度，它载明于吨位证书上。

登记长度：在上甲板的上表面上，自首柱前缘到尾柱后缘的水平距离；无尾柱时，则量至舵杆中心。

登记宽度：在船舶最大宽度处，两舷外板外表面之间的水平距离。

登记深度：在船舶纵中剖面的登记长度中点处，从上甲板下表面往下量至内

底板上表面的垂直距离。

船长：沿夏季载重水线，自首缘量至尾柱后缘的水平距离，又称两柱长。

型宽：船体最宽处两舷肋骨外缘之间的水平距离。

型深：在船长中点处，自平板龙骨上缘量至干舷甲板横梁舷端上缘的垂直距离。

型吃水：自平板龙骨上缘量至水面的垂直距离。加上平板龙骨的厚度，为实际吃水。

重量吨：表示船舶重量，也可表明船舶的载运能力。可分排水量和载重量。

排水量：指船舶在水中所排开的同体积水的重量。

满载排水量：船舶装足货物、旅客、燃料、淡水和供应品，并具有规定的安全干舷时的排水量。

空船排水量：船舶没有装货物、旅客、燃料、淡水和供应品等时的排水量。

载重量：或称总载重量，表示船舶所具有的载重能力。即：载重量=满载排水量-空船排水量

净载重量：表示实际可装载货物的吨数，它随具体航次所需要备品储备量不同而变化。

净载重量=总载重量-燃料、淡水、供应品和备料等的重量。

船舶发展史 〉

古代埃及文物上绘有船只图样，埃及船只主要在尼罗河上航行。古希腊时代、多使用帆船、多桨船。16世纪甲板船登场，大航海时代到来。多桨船直到18世纪末一直在地中海域使用，北欧甚至持续到19世纪初。中国使用船只的历史也很悠久，在16世纪以前一直处于世界领先位置，在明代中国的造船业到达了鼎盛时期。这为郑和下西洋提供了强大的物质保障。《明史》《郑和传》记载，郑和的航海宝船，长44丈4尺，宽18丈，这是当时世界上最大的海船，折合现今长度为151.18

米，宽61.6米。船分四层，船上9桅可挂12个帆，锚重有几千斤，要动用200人一起才能起航，一艘船可容纳千人以上。

古代中国是当时造船和航海的先驱。春秋战国时期就有了造船工场，能够制造战船；汉代已能制造带舵的楼船；唐、宋时期，河船和海船都有突出的发展，发明了水密隔壁；明朝的郑和七次下西洋的宝船，在尺度、性能和远航范围方面，都居世界领先地位。

刘向《世本》记：古者观落叶因以为舟，意思是说，中国人是因为看见落叶掉

在水面上浮而不沉而悟到了船的原理。这跟鲁班悟出锯子的原理有点类似，大概中国人自来亲于木，总是可以从它身上得到层出不穷的灵感。

舟形成之前，泛水之物一般是树、竹苇、葫芦之类的浮具、筏子。筏起于浮具，又多有改进。以桴济河，进而浮于海，这就有点"破天荒"的意思了。孔子说："道不行，乘桴浮于海。"大概他老人家也有点自我欣赏的冒险性情在。

《艺文类聚》载：西周成王时，"于越献舟"。越人，在古汉语里就是一个涉水的代名词，"水行而山处，以船为车，以楫为马，往如飘风，去则难从"。可以想见，以舟为贡品，献与成王，那时越人的船就已造得比较好了，还有，献舟一路，取道东海，渡黄海，泛渤海，入黄河，逆流而上进入渭水，终达周都镐京，船的实用性能及航海技术都已不差。

春秋战国时，大国争霸，造船业及航海业迅速发展。《越绝书》称：越迁都由会稽至琅琊，以水兵两千八百人"伐松柏以为桴"，

沿海北上，气势已然磅礴。至秦，徐福及童男女各三千人，乘楼船入海，寻找不老之药。那楼船之巨，也已不难想象。有了船，从西汉中期前后，海上丝绸之路开始从古合浦郡始发，可通往印度、斯里兰卡，算得上是世界上第一条真正的海上国际贸易航线。三国时期，吴黄龙二年，孙权"遣将军卫温、诸葛直将甲士万人浮海，求夷洲及澶洲"，夷洲，今之台湾，澶

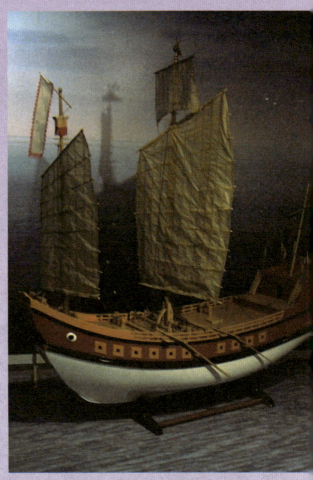

经。随后，这位老人便与来中国的尼泊尔高僧佛驮跋陀罗一起翻译出了这些佛经。

隋炀帝好大喜功，多次征发民工无数，在江南采伐大木料，大造龙舟及各种花船数万艘。最大一艘龙舟共有四层，高45尺，长200尺，上层有正殿、内殿、东西朝堂，中间二层有120个房间，都"饰以丹粉，装以金碧珠翠，雕镂奇丽"。随后，这位跟他的龙舟一样花的帝王数次乘船巡幸江都，酒池肉林地日夜寻欢作乐，最终把江山丢了。

唐朝时，造船上已广泛使用了榫接钉合的木工艺和水密隔舱、黄底龙骨，大腊与防摇装置、漆涂防腐技术、金属锚等先进技术。此时的战船名为楼船、蒙冲、斗舰、走舸、海鹘和游艇，最大的战船"和州载"，费时三年，"载甲三千人，稻米倍之"。自西汉开辟了海上丝绸之路后，唐代与各国的海上交往达到了全面

洲，就是日本岛屿。

木船开始依赖人工划桨，既而有风帆及橹，橹是由长桨演变而来的，是另一种用人力推进船只的工具，也是控制船舶航向的工具。一器多用，这是中国对世界造船与航海技术上的突出贡献。

东晋后期，法显和尚西行印度，寻求戒律，历时14年，数次濒死，终于在70岁高龄时只身远航归国，他的船上所载，就是后来对中国产生了巨大影响的大量佛

繁荣,长安成了国际性大都市,海外各国的使者、留学生、留学僧、商人不断地到中国来,学习中国先进的文化、政治典章制度,也就是从这时开始,中国人在海外被称为"唐人"。作为当时世界上最强盛的发达国度,唐人开辟了多条海上航线,多次到达南洋、西亚、东非等地。唐朝仍然有和尚到日本,著名的鉴真自公元743-754年经12个年头,先后6次东渡日本,终于以非凡的信念和顽强的毅力到达日本的土地。

宋元两代,因海外贸易不断扩大,海上和内河运输规模远超前代。造船业十分发达,浙江、福建、广东成为打造海船的中心,宋代的造船、修船已经开始使用船坞,并创造了运用滑道下水的方法。许多港口都设置了市舶司以管理海外贸易,其中明州、广州、泉州、杭州尤为显要,是清代以前最著名的几大港口。

元时,中国积累了几百年的盛名频频吸引西方各国的贡使,传教士、商人、旅行家陆续来到中国,马可·波罗一待就是17年,并深得忽必烈的信任与重用。1291年,忽必烈"命备船十三艘,每艘具四桅,可张十二帆",派马可·波罗从泉州起航,护送阔阔真公主至波斯成婚。

这大概就是古老的东方——一个满载着瓷器和丝绸的童话飘向世界的开始。

18世纪,欧洲出现了蒸汽船。19世纪初,欧洲又出现了铁船。19世纪中叶,船开始向大型化、现代化发展。

船舶分类 >

船舶分类方法很多,可按用途、航行状态、船体数目、推进动力、推进器等分类。

按用途,船舶一般分为军用和民用船舶两大类。军用船舶通常称为舰艇或军舰,其中有直接作战能力或海域防护能力者称为战斗舰艇,如航空母舰、驱逐舰、护卫舰、导弹艇和潜艇,以及布雷、扫雷舰艇等,担负后勤保障者称为军用辅助舰艇。民用船舶一般又分为运输船、工程船、渔船、港务船等。

按船舶的航行状态通常可分为排水型船舶、滑行艇、水翼艇和气垫船。

按船舶的船体数目可分为单体船和多体船,在多体船型中双体船较为多见。

按推进动力可分为机动船和非机动船,机动船按推进主机的类型又分为蒸汽机船(现已淘汰)、汽轮机船、柴油机船、燃气轮机船、联合动力装置船、电力推进船、核动力船等。

按船舶推进器又可分为螺旋桨船、喷水推进船、喷气推进船、明轮船、平旋轮船等,空气螺旋桨只用于少数气垫船;按机舱的位置,有尾机型船(机舱在船的

尾部),中机型船和中尾机型船;按船体结构材料,有钢船、铝合金船、木船、钢丝网水泥船、玻璃钢艇、橡皮艇、混合结构船等。

按照国籍分为国轮(指在内国登记并悬挂内国国旗的船舶)与外轮(指在外国登记并悬挂外国国旗的船舶)。

按照航程远近分为近海轮与远洋轮。两者的航行能力是不同的。

船长海上日记

船舶的主要性能 〉

- 浮性

是指船在各种装载情况下，能浮于水中并保持一定的首、尾吃水和干舷的能力。根据船舶的重力和浮力的平衡条件，船舶的浮性关系到装载能力和航行的安全。

- 稳性

是指船受外力作用离开平衡位置而倾斜，当外力消失后，船能回复到原平衡位置的能力。稳性包括完整稳性和破舱稳性，其中，完整稳性包括初稳性和大倾角稳性。一般水面船舶的稳性主要是指横倾时的稳性。船宽、水线面系数、干舷、重心高度、水面以上的侧面积大小和高度，以及船体开口密封性的好坏等，是影响船舶稳性的主要因素。

- 抗沉性

是指船体水下部分如发生破损，船舱淹水后仍能浮而不沉和不倾覆的能力。中国宋代造船时就首先发明了用水密隔舱来保证船舶的抗沉性。船舶主体部分的水密分舱的合理性、分舱甲板的干舷值和完整船舶稳性的好坏等，是影响抗沉性的主要因素。

- 快速性

是表征船在静水中直线航行速度，与其所需主机功率之间关系的性能。它是船舶的一项重要技术指标，对船舶使用效果和营运开支影响较大。船舶快速性涉及船舶阻力和船舶推进两个方面。合理地

CHUAN ZHANG HAI SHANG RI JI

选择船舶主尺度、船体系数（尤其是方形系数 Cb 和棱形系数 Cp）和线型，是降低船舶阻力的关键。

• 耐波性

指船舶在波浪中的摇荡程度、失速和甲板溅浸（上浪、溅水）程度等。耐波性不仅影响船上乘员的舒适和安全，还影响船舶安全和营运效益等，因而日益受到重视。

船在波浪中的运动有横摇、纵摇、首尾摇、垂荡（升沉）、横荡和纵荡 6 种。几种运动同时存在时便形成耦合运动，其中影响较大的是横摇、纵摇和垂荡。溅浸性主要是由于纵摇和垂荡所造成的船体与海浪的相对运动，增加干舷特别是首部干舷、加大首部水上部分的外飘，是改善船舶溅浸性的有效措施。

• 船舶的操纵性

指船舶能按照驾驶者的操纵保持或改变航速、航向或位置的性能，主要包括航向稳性和回转性两个方面，是保证船舶航行中少操舵、保持最短航程、靠离码头灵活方便和避让及时的重要环节，关系到船舶航行安全和营运经济性。

• 经济性

是指船舶投资效益的大小。它是促进新船型的开发研究、改善航运经营管理和造船工业的发展的最活跃因素，日益受到人们重视。船舶经济性属船舶工程经济学研究的内容，它涉及使用效能、建造经济性、营运经济和投资效果等指标。

船长与船员 〉

　　船长，是船上的最高指挥者。船长在我国与轮机长、大副、二副、三副、大管轮、二管轮、三管轮等并称高级船员。德国、日本等国也是如此。在英美等国，船长不属于船员，而单独作为一种职业。船长在我国也是一个职称，"船长"是中级职称，"高级船长"是高级职称。现在在我国有很多非船员的职业也多由或者必须由具有船长资质的人来担任，比如海事调查官、航运公司或国际船舶管理公司的海务部、船务部负责人以及指定人员等。

• 船长

　　船长是指依法取得船员资格，取得适任证书并受船舶所有人雇佣或聘用，主管船上的行政和技术事务的人。

　　船长，必须通过专门的考试，由相应的国家机关颁发证书。在我国，包括船长在内的所有船员证书均由中国海事局颁发，分为甲乙丙丁四类，分别为远洋、近洋、沿海和内河船长。

　　船长是船上的最高行政长官。船长负责船舶的驾驶和管理，在我国大中型国有船公司的船上，还设有政治委员一职，政委是船上的"党委书记"，负责党和国家的各项政策在船上认真贯彻落实，同时负责领导船上的共青团组织（国有船一般以船长、政委、轮机长3人成立"党支部"，有

的船上，大副则是"团支部书记"）。船长和政委不属于船舶的任何一个部门，是"自由人"。

　　船长，在英文有两个单词可以表示。一个是我们通常使用的"captain"，还有一个是"master"。Captain，意思是"队长、首领、船长、机长、（空军、海军）上校、（陆军）上尉"，可见含义比较多。Master，意思是"主人、雇主、大师、硕士、船长"。我们要注意前两个意思，从这里我们可以看出，船长的地位，是绝对权威的。事实上，也的确如此。那么，为什么船长是"主人"、"雇主"的意思呢？那是因为在世界海上贸易刚刚开始的时候，货主和船东是同一个人，而船东往往也就是船长本人，他们雇

用别人或者让自己的奴仆跟随在船上，把货物运往别的港口卖掉，换取等价物或者等价货币，我们称这种贸易的时代为"商航一体"。

综合来看，通常认为船长是受船舶所有人雇佣或者聘用，主管船上一切事务的人。船长兼具指挥、司法、公证、代理等多重身份，在海商中地位非同小可。

• 大副

简单的理解就是第一副船长，可以在船长无法指挥的时候接替船长指挥全船，大副也不行了，就二副顶上。当然，现实中几乎不会发生这种情况，即使船沉没了，怕是大副也没有机会晋升船长了。所以平时，大副、二副、三副，甚至六副，全部有自己的具体职责，当然，当船长正在睡觉或者生病没有出现的时候，如果大副在，则大副是指挥官。

• 大管轮

大管轮是轮机长的助手，在轮机长的领导下做好机电设备的使用、维修和保养。轮机长不在和因故不能行使职务时，代行轮机长职责。参加机舱值班，在工作中发现机械、机电设备故障或异常情况时，除做紧急处理外，要及时报告轮机长。

• 水手长

水手长是在大副领导下，从事组织领导木匠和水手进行工作。负责编制水手航行、停泊及了头轮值班表，经大副批准后贯彻执行。必要时，参加了头和操舵。按航次维修保养工作计划及大副指示安排水手工作。开工前备妥工具和用料，布置妥任务并落实安全措施；加强现场检查，对高空、舷外其他复杂危险的作业，必须亲自在现场督促和指导。做好系缆、装卸等设备的养护维修，使其经常处于良好状态。指导水手进行油漆、帆缆、高空、舷外、起重、操舵及其他船艺工作。

22

百"舸"争流

独木舟 ›

独木舟，又称独木船，是用一根木头制成的船，是船舶的"先祖"，是最早的船舶，在世界各地都曾出现过。

• 独木舟/历史

在遥远的古代，人们发现树叶、树干在水里会漂浮，又发现树叶能负荷的重量很小，树干能负荷的重量就大，树干越粗大，其所能承受的重量也越大。人们还发现，圆柱形的树干在水里不稳定，它会翻滚，人在上面坐立不稳，人们根本无法在这种圆柱形树干上面活动。

就这样，人们就用石斧、石锛、锸等工具，将圆圆的树干削平。后来，发现用火比石斧加工木材更为方便。人们将树干上不需要挖掉的地方都涂上厚厚的湿泥巴，然后用火烧掉要挖去的部分。这样被烧的部分就被烧成一层炭，再用石斧砍，就比较容易了。独木舟就是这样制造出来的。

在中国古籍《易经·系辞》中有"刳木为舟"的记载，就是说独木舟是刳木而成的。1958 年，江苏武进县出土 3 条独木舟，据考证是春秋战国时的独木舟，长11 米，宽 0.9 米，深 0.4 米，现存中国历史博物馆。

• 独木舟类型

中国古代独木舟大致有 3 种类型：

第一种是平底独木舟，底是平的，或接近平底；头尾呈方形，没有起翘。

第二种是尖头方尾独木舟，它的头部尖尖的，向上翘起，尾部是方的。它的底也是平的。如1965年在江苏武进淹城内城河出土的独木舟，尖头敞尾，尖头微上翘，舟尾敞开宽而平，属于尖头方尾独木舟一类。其中一条长 4.22 米、舱上口宽 0.32 米、深 0.45 米，尾舱宽 0.69 米。系用楠木制成。

第三种是尖头尖尾独木舟，舟头翘起，尾部也起翘。如 1958 年在江苏武进淹城出土的一条独木舟，舟形如梭，两端小而尖，尖角上翘，属于尖头尖尾独木舟一类。舟舱中间宽，全长 11 米、舱上口宽 0.9 米、深 0.45 米，系用整段楠木挖空制成。外壁光滑木纹依旧，内壁布满焦炭和斧凿斑斑痕迹，这是古代先民经过数十次用火烤焦后不断用斧凿制加工成的。经碳 14 测定，这舟距今已有 2800 年历史，当属西周时期遗物。是我国目前发现的最古老完整的独木舟，号称"天下第一舟"。

现在的舰船是从以上 3 种类型独木舟演变过来的。

• 世界各地的独木舟

　　独木舟不是中国独有，国外一些地区也发现了不少的独木舟。在苏格兰境内佩斯地方的湖层里发现独木舟。

　　在瑞士和其邻近地区，也发现了新石器时代的独木舟。除此之外，印第安人的独木舟和波利尼西亚人的双体独木舟也较有名。印度有种独木舟，其船侧装有可以放置货物的横木板。新几内亚的独木舟可以几条横排在一起，上面用横梁固定，横梁上铺坐席，还装有风帆，可以航海。

　　在英国约克郡一个沼泽里，发掘出了一支公元前 7500 年的木桨。这支桨一定是用来划一种中间掏空的独木舟的。在荷兰发现了一只这样的独木舟，其年代约为公元前 6300 年。在英国发现的一只独木舟，长达 16 米，宽 1.5 米。

　　独木舟后来演变成木板船和木结构船，直至今天的各类船舶。可以这样说，没有独木舟，就没有现代舰船。

• 现代独木舟

独木舟,满语和赫哲语都称为"威呼",有的地方俗称"快马子"船,是用整根的大树干砍凿制成。长两丈有余,宽以能坐下一人为度,平口圆底,两头尖并微上翘。船桨长近一丈,中段是手握的桨把,两端是桨叶板,用时左右交替划行。这种船小的只容一人,大的可坐五六人,自清代初年在东北林区就很流行。乾隆皇帝在东巡盛京时,曾两次把驾"威呼"作为故乡的"土风"赋诗题咏,称赞这种"制坚质朴提携便,圆底平舷坐起康"的独特水上交通工具。后来人们也用木板来制作这种长而窄的小船,仍称其为"威呼"。除单独行驶外,"威呼"也可以两只用木板并联,称为"对子船",用来在涨水的季节运送车辆和货物,能在江河里比较平稳地行驶。在封冻和冬季,人们把"威呼"搬到岸上,有的还用来做喂马的槽子,可谓是"物尽其用"了。

东北一些林区猎民还有一些颇具特色的水上交通工具。比如鄂伦春等民族使用的兽皮船,是用剥下的整张犴皮或鹿皮朝外制成船形,然后晾晒,干燥定型后就可以下水使用。这种兽皮船能载重二三百斤,乘两三个人或装少量货物都可以。因它轻便易携,又很结实,多在水流不太急,水面不宽的小河中使用,但不能一次用得时间太长,以免把皮子泡软,影响浮力。在诸多类型的"船"中,算是十分特别的了。

江南,尤其是湖川(湖南、湖北、四川、重庆)一带,过去乃至当前也流行一种名为"舢板"或者"划子"的小船。"划子"用木板精心拼装而成,其造型与独木舟类似;为携带"鸬鹚"打鱼的渔民所专用。以往,撑"划子"是江南小河上的一个特有的风景。

帆船 ＞

　　帆船即利用风力前进的船。1900年第2届奥运会开始列为比赛项目。帆船起源于欧洲，其历史可以追溯到远古时代。帆船是人类向大自然作斗争的一个见证，帆船历史同人类文明史一样悠久。帆船作为一种比赛项目，最早的文字记载见于1900多年以前古罗马诗人维吉尔的作品中。到了13世纪，威尼斯开始定期举行帆船比赛，当时比赛船只没有统一的规格和级别。帆船运动起源于荷兰。古代的荷兰，地势很低，所以开凿了很多运河，人们普遍使用小帆船运输或捕鱼。

• 帆船起源

帆船起源于居住在海河区域的古代人的水上交通运输工具。15 世纪初期，中国明代郑和率领庞大船队 7 次出海，到达亚洲和非洲 30 多个国家。现代帆船始于荷兰。1660 年荷兰的阿姆斯特丹市长将一条名为"玛丽"的帆船送给英国国王查理二世。1662 年查理二世举办了英国与荷兰之间的帆船比赛。1720 年爱尔兰成立皇家科克帆船俱乐部。1851 年英国举行环怀特岛国际帆船赛。1870 年美国和英国首次举行横渡大西洋的美洲杯帆船赛。帆船分稳向板帆艇和龙骨帆艇两类。稳向板帆艇轻快灵活，可在浅水中行驶，奥运会项目中的飞行荷兰人型、荷兰人型、470 型、星型、托纳多型等均属此类，是世界最普及的帆船。龙骨帆艇也称稳向舵艇，体大不灵活，稳定性好，帆力强，只能在深水中行驶。奥运会项目中的暴风雨型、索林型等均属此类。

· 发展历史

公元13世纪西班牙人和葡萄牙人开始建造一种名叫"caravel"轻帆船，起初主要用作渔船，由于性能良好，不久就广泛应用于其他方面。迪亚士1488年发现好望角，哥伦布1492年发现新大陆，达·伽马1498年穿过印度洋到达亚洲，麦哲伦1519 – 1522年间完成第一次环球航行，用的都是这种船。不应该忘记的是，欧洲人能够造出这样的船，与他们学习了许多源于东方、尤其是中国的"长技"有关。

欧洲人从东方学去的第一件"长技"，是阿拉伯水手的"三角帆"。欧洲人原来使用的一直都是"横帆"，即横向安置的方形帆。公元6世纪，由于受到印度洋、红海和波斯湾地区阿拉伯人"独桅三角帆船"的影响，地中海地区的水手逐渐改用这种比较容易操纵的三角帆来代替横帆。到公元9世纪，这一地区已经几乎见不到横帆的身影。附带说说，尽管这种帆的发明权理应属于阿拉伯人，但在欧洲它却被叫作"Latinsail"（拉丁帆）或者"lateensail"（大三角帆）。

欧洲人学去的第二件"长技"是"纵帆"，中国人早在战国时代（公元前3世纪）就已经使用这种帆了，但直到13世纪才被欧洲人学去。此前他们从阿拉伯水手那里学去的三角帆虽然比较容易操纵，但仍然是横向安置的，只能利用顺风，在刮定向季节风的印度洋北部好用，在风向不定的地中海和其他欧洲海域就不大适用。纵帆利用分力、合力原理，可以"船驶八面风"，只有"当头风"不可行驶。不过到16世纪，由于想出了"调戗使斗风"的办

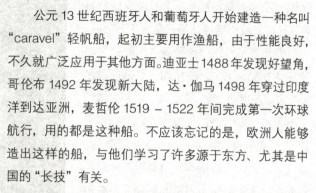

法，逆风也能行船了。所谓"调戗"，指的是调整船头方向，把当头逆风转变成侧斜风，这样它就也能推动船只呈之字形前进。

利用纵帆有一个必要条件，就是要能灵活调整船头方向。在中国，那是通过使用安置在船尾的"舵"来实现的。现在成语词典收有"见风使舵"（或作"看风使舵"），那是一条来自"俗语"而非来自"典故"的成语，讲的正是按照风向操纵舵来调整航向。它本无贬义，不幸的是现在往往被用指不讲原则，随风倒的圆滑、世故做法。古时舵字也作柂、柁、杕，东汉刘熙《释名》解释"船"字说："其尾曰柂。"南北朝《玉篇》（公元 543 年）说："舵，正船木也。"又说："杕，船尾小梢也。"这些文字记载都说明中国人很早就发明了舵，而考古发掘得到的用舵证据就更早了，广东、湖北等地的西汉墓都出土过木船模型，其船尾都安置有舵。但是舵传到欧洲相当晚，大约是公元 12 世纪的事。此前欧洲人一直用侧桨来控制方向，那远不如使用舵。舵可以说是欧洲人学去的第三件"长技"。

学会使用三角帆、纵帆和舵以后，水手就能更加放手地利用风力了，这就导致桅与帆数目的增加，尤其是风帆数目的增加，因为使用多个比较小的帆，比使用单个大帆操作起来容易。"caravel"正是一种轻型多桅帆船，它通常有三根桅杆，前桅和主桅挂横帆，后桅挂三角纵帆。有的还立了第四根桅杆，也挂三角帆。还有一

些船从船头向前伸出一根斜桅，上面挂一张小帆，并在主帆和前帆之上各加一面顶帆。这样就既能充分利用风力，有速度，又比较灵活，便于操纵，可以在各种风向条件下行驶。应该注意，吹在风帆上部的风，除产生水平方向的推力以外，还产生向上的升力。升力比较小的时候有利于船只航行，但如果升力过大，就有可能使船只倾覆。使用三角帆和顶帆可以减小升力，有助于船只稳定航行。

欧洲人开始建造比较大的船，是在哥伦布发现新大陆，并在那里掠夺大量财富之后。大约从 16 世纪中叶开始，西班牙组织了庞大的船队，每年两次往返于大西洋东西海岸之间，从美洲殖民地运回掠夺的财宝。根据官方统计，在 1600 年以前的大约一个半世纪里，上了税运回西班牙的白银超过 1.86 万吨，黄金 200 吨；走私的数额有多少，就不大好估计了。除此以外，还有不少船只在中途或因风暴、或因海盗袭击而沉没，随之葬身海底的金银当也不在少数。直到今天，它们仍然是世界各国寻宝人与打捞公司搜寻的重要目标。后来，随着新大陆甘蔗、棉花、烟草种植园经济的建立与发展，货物运输量大增，大西洋上的船队运输就更繁忙了，这里面当然还不应该忘记与之相关的黑奴贩运。根据一些学者的研究，从 15 世纪开始有这项罪恶贸易到 19 世纪欧美各国正式宣布废除，在西非海岸被装上贩奴船的

35

黑人总数达 1200 万，在途中死亡了大约 1/6，登上新大陆的约有 1000 万，由此不难看出其运输量是相当大的。

为了保护运输船队免受海盗及其他国家船只的袭扰，西班牙人建造了一种名叫"galleon"的战船，它实际上是在"caravel"的基础上发展起来的大型多桅帆船。从 1650 年起，大西洋进入一个海战频繁的时代，西班牙、葡萄牙、荷兰、法国、英国等欧洲殖民国家以及"占岛为王"的海盗（最著名的也许就是"加勒比海盗"），把大西洋变成了一个大战场。这就大大刺激了战船的发展，起初最大的战船吃水量

约为 1500 吨，但到 1750 年，2000 吨的船只已很普通，而到 1800 年更有超过 2500 吨的。船壳通常选用坚实的橡木板制造，而且是双层，总厚度可以达到 46 厘米，这就使造船成为一件非常耗费木料的事。例如，建造特拉法尔加海战中纳尔逊所乘旗舰"（皇家海军）胜利号"，所耗费的木材就需砍伐 2500 株成年橡树才能得到。后来同样的技术也用于建造民用船，例如英国移民最早去北美所乘的"五月花号"（May flower）就属于这种类型。在以蒸汽机为动力、螺旋桨为推进器的轮船出现以前，大型多桅帆船一直是欧洲商船和

战船的主要船型。

值得注意的是，学会用帆（三角帆、纵帆）和舵都属于集体行为，很难确定是在什么时候、具体是谁从东方学到的，只有第四件"长技"（水密隔舱，water tight bulkheads）才能确定具体的引进者，那就是1795年受命为英国皇家海军造船的萨缪尔·边沁。使用水密隔舱不但大大增加了船体强度，更重要的是不致一处破损就水漫全船，难以封堵。有了水密隔舱，欧洲船舶可以说已经达到帆船时代的最高水平。

欧洲人从我们这里学去第五件"长技"，时间就更晚了，已经到鸦片战争之后。原来，在船型设计上虽然他们和我们一样都利用了仿生学原理，把船体设计成流线型，但模仿的对象不同；欧洲人模仿的是鱼，而中国人模仿的是水鸟。这样他们船体的最宽处就在中部靠前的地方，而中国船体的最宽处却在中部靠后。后来的流体力学研究证明，中国人的做法更科学，因为一般船舶都不是像鱼那样在水里游，而是像水鸟（例如鸭和鹅）那样在水与空气两种介质之间划行的。认识到这一点以后，西方的船舶也像中国的船那样，把最宽处放在中部靠后的位置了。

在中国古代造船技术里，欧洲人没有

37

学去的大概只有橹。中国早在西汉（约公元前 1 世纪）就开始用橹了，划桨需要把桨提出水面，既做虚功又浪费时间，而橹是连续划水的，用的是鱼摇动尾巴前进的原理，所以有"一橹三桨"之说。欧洲人很晚才开始考虑以中国的橹来代替他们的桨，但由于不久后发明了推进效能更好的轮桨，就没再考虑用橹的事。不过要指出，轮桨的真正发明者也是中国人，时间比美国人罗伯特·富尔顿早了 1000 多年。《旧唐书·李皋传》载："挟二轮蹈之，翔风鼓浪，疾若挂帆席。"可见唐代（公元 8 世纪）已经知道用足踩踏的轮桨来代替用手划动的桨。轮船在中国古代叫"车船"，根据现有记载，宋代岳飞与杨幺的水战（公元 12 世纪）便是一次车船大战。

总之，除在中国古代"四大发明"之一的罗盘之外，我们对造船与航海技术还有许多重要贡献。欧洲人从东方学去的 5 项技术里，4 项都源于中国，而这些技术对他们帆船时代的造船与航海都起了非常重要的作用。现在已经是"后帆船时代"，除体育运动外，已经基本上见不到帆船的身影，但舵、水密隔舱、船体形状这 3 项技术仍在继续应用，而且毫无疑问还将一直应用下去。

 国际帆联

国际帆船联合会（International Sailing Federation, ISF），简称国际帆联。1907年成立于法国巴黎，创始国是英国，现在国际帆联的总部设在英国伦敦。现有协会会员121个。国际帆联的正式用语为英语。

作为管理世界上各种帆船运动的国际组织，国际帆联的任务是不分种族、宗教、性别或政治信仰，开展各类帆船运动；制定、监督和解释帆船比赛的规则，处理项目间的矛盾；决定各类帆船的竞赛资格；组织奥运会帆船赛；管理各种帆船锦标赛等活动；审查、研究、调查有关帆船运动的各种问题，并作出报告，传递信息；维护协会会员的利益；组织各种比赛和活动，激发公众的兴趣，奖励运动员和其他人员，对关心帆船运动的人士和组织提供服务。

中国帆船协会于1984年3月10日加入国际帆联。

轮船 >

　　轮船在汉语中,一般有狭义和广义两种用法,轮船的推进有两种方式,一种是原始的以人力踩踏木轮推进,一种是以螺旋桨推进。狭义的轮船定义,是指用汽轮机推进的船只。1807年,美国人罗伯特·富尔顿建造了世界上第一艘蒸汽机动力的轮船。在这里,轮船成为以连续运动代替间歇运动的机械。

• 发展历史

人力踩踏木轮驱动的明轮船。公元782—785年，杭州知府李皋在船的舷侧或艉部装上带有桨叶的桨轮，靠人力踩动桨轮轴，使轮轴上的桨叶拨水推动船体前进。因为这种船的桨轮下半部浸入水中，上半部露出水面，所以称为"明轮船"或"轮船"。在19世纪以前，船舶主要靠人工摇橹和风帆推进。

1769年，法国发明家乔弗莱·达邦在船上安装蒸汽机用以驱动一组木桨，但航速很慢，未能显示出优越性。1802年，英国人西明顿建造了蒸汽动力的"夏洛蒂·邓达斯"号轮船。因遭到拖船业主们的强烈反对，不得不在一个月后停止航行。

1807年，美国机械工程师富尔顿设计出蒸汽机带动车轮拨水的"克莱蒙特"轮船。该船性能可靠，执行了世界上最早的轮船定期航班，奠定了轮船不容摇撼的地位，因此富尔顿被称为"轮船之父"。

1829年，奥地利人约瑟夫·莱塞尔

发明了可实用的船舶螺旋桨，克服了明轮推进效率低、易受风浪损坏的缺点。此后螺旋桨推进器逐渐取代了明轮。

1884 年，英国发明家帕森斯设计出了以燃油为燃料的汽轮机。此后，汽轮机成为轮船的主要动力装置。

轮船的发明和不断改进，使水上运输发生了革命性的变化。第二次世界大战之后，世界海运量年平均每 10 年翻一番。据统计，2004 年世界海上货运量达到了 65.42 亿吨。

1690 年，法国的德尼·巴班提出用蒸汽机作动力推动船舶的想法，但当时还没有可供实用的蒸汽机，故设想无法实现。

1769 年，法国发明家乔弗莱把蒸汽机装上了船，但所装的蒸汽机既简陋又笨重，而且带动的又是一组普通木桨，航速很慢，未能显示出机动船的优越性。

1783 年乔弗莱又建成了世界上最早的蒸汽轮船"波罗斯卡菲"号，但是航行 30 分钟后，船上蒸汽锅炉发生爆炸。

1790 年美国的约翰·菲奇用蒸汽机带动桨划水，其效率极低，菲奇的发明没有受到人们的重视。

1802 年，英国人威廉·西明顿采用瓦特改进的蒸汽机制造成世界上第一艘蒸汽动力明轮船"夏洛蒂·邓达斯"号，在苏格兰的福斯——克莱德运河下水，试航成功。这是一艘 30 英尺长的木壳船，船中央装上西明顿设计的蒸汽机，推动一个尾部明轮。轮船的出现对拖船业主们是一个打击，他们以汽轮船产生较大的波浪为由，拼命反对。第一艘汽轮船被扼杀在摇篮里。

美国的约翰·史蒂芬森于 1804 年建成具有世界上最早有螺旋桨的轮船。由于推动螺旋桨的蒸汽机转速太低，所以他当时认为推进器还是轮桨较好。

1807 年，他建造了带轮桨的"菲尼克斯"号轮船。"菲尼克斯"号从纽约沿海岸驶向费城进行试航，途中遇到风暴。但经过 13 天的航行还是平安地到达费城，这是世界上轮船首次在海上航行。

• 轮船作用

轮船促成了人类生活的改变，造成人类以往连做梦也没想到的世界各国相互依存的关系。今天，现代化的轮船，其中有客轮、货轮和油轮，正在从事着各种关系到人类命运的全球性商业航运。如世界上最大的发达国家美国，在 20 世纪 70 年代初期，每年海运进口货物超过 3 亿吨，总值超过 300 亿美元。其中一些奢侈品如瑞士钟表、俄国毛皮、苏格兰威士忌酒、意大利鞋、丹麦家具、法国葡萄酒，只不过占进口货物总值的一小部分；主要的进口货物是原料，包括 4 亿桶以上的原油、4000 万吨铁矿石、1500 多万吨铝土矿石以及国民生活不可缺少的其他物品。

气垫船 >

气垫船又叫"腾空船",是一种以空气在船只底部衬垫承托的交通工具。气垫通常是由持续不断供应的低压气体形成。气垫船除了在水上行走外,还可以在某些比较平滑的陆地上行驶。气垫船是高速行驶船只的一种,行走时因为船身升离水面,船体水阻得到减少,以致行驶速度比用同样功率的船只快。很多气垫船的速度都可以超过50节。气垫船亦可用非常缓慢速度行驶。

19世纪初,已有人认识到把压缩空气打入船底下可以减少航行阻力,提高航速。1953年,英国人C.库克雷尔创立气垫理论,经过大量试验后,于1959年建成世界上第一艘气垫船,横渡英吉利海峡取得成功。1964年以后,气垫船类型增多,应用日益广泛。目前多用作高速短途客船、交通船和渡船等,航速可达60—80海里/小时。

气垫船的缺点是耐波性较差,在风浪中航行失速较大。气垫船船身一般用铝合金、高强度钢或玻璃钢制造;动力装置用航空发动机、高速柴油机或燃气轮机;船底围裙用高强度尼龙橡胶布制成,磨损后可以更换。

水翼艇 〉

　　水翼艇是一种依靠船体底部的特殊构造的水翼来航行的船舶。水翼艇的特点是行驶在空气跟海水的界面上，以尽量克服水的阻力。

　　最先想到水翼艇并进行研究的发明家，是19世纪中期的一个叫拉米斯的法国牧师。俄国血统的法国人德朗贝尔，开始用当时刚发明的汽油发动机为他的"水上飞机"提供动力。19世纪90年代，他在塞纳河上用模型水翼艇进行了试验，但是它不能从水里抬起头来。飞艇设计师意大利人福拉尼尼1905年建造了一艘小水翼艇，并在专利说明书上阐明了水

翼艇的科学技术原理。1911年，他用最新的模型水翼艇在马乔列湖为来访的美国贵宾贝尔做了表演。贝尔根据福拉尼尼的专利，开始建造他自己设计的水翼艇。这艘水翼艇于1918年创造了每小时114.3千米的航行纪录。这些水翼艇靠潜在水中的水翼支持而行。船底的薄片水翼在船停泊时完全没入水中，船开始运动时，水流经过弯曲的水翼，产生上举力，船走得越快，产生的升力越大，当水翼在水中升起时，把船体完全推离水面。由于阻碍消除，船的速度大大提高，行驶更为平稳。在第二次世界大战期间，一些德国发明

家改进了水翼艇。战后，英国风琴师胡克又作了进一步的改进。意大利20世纪50年代开始大量建造水翼艇，美国和苏联设计出了自己的大型军用和客运水翼艇。苏联的航运线上有数百艘这种船，最大的可载旅客300人，速度达40节。美国海军已成功地在风浪水域试验了几艘水翼船。其中一艘"平景"号1968年由洛克希德公司建成，在平静的水中速度超过40节，是当时世界上最大的水翼船。

作为盟军南美地区海岸防卫队普遍采用的小艇，盟军所开发的高速水翼艇可以很自然地完成监视和防卫任务。它配备了射速极快的20毫米口径近接防空炮可以针对低空飞行的敌对目标发动攻击，不过其仅能用于防空的武器无法对水面上的目标进行攻击。虽说水翼艇无法直接攻击水面目标，它所装备的干扰束发射装置却能发挥意想不到的作用。这是一种可以发射电磁束的装置，利用水翼船中最为先进的计算机系统和燃料，让附近敌方的武器系统暂时无法使用。所以对于水翼艇来说，他并不适合进行大规模的海上战斗，而作为海上打击力量之一的它在自我保护和对友军支援上可以发挥更好的作用。

潜艇

　　潜艇，又称为潜舰、潜水艇、潜水船，是能够在水下运行的舰艇。潜艇的种类繁多，形制各异，小到全自动或一两人操作、作业时间数小时的小型民用潜水探测器，大至可装载数百人、连续潜航3~6个月的俄罗斯台风级核潜艇。按体积可分为大型（主要为军用）、中型或小型（袖珍潜艇、潜水器）和水下自动机械装置等。大型潜艇多为圆柱形，船中部通常设立一个垂直结构（舰桥），早期称为"指挥塔"，内有通讯、感应器、潜望镜和控制设备等。如今的深海潜艇或专业潜艇常已无此设计。

• 潜艇特点

潜艇之所以能够发展到今天，是因为它具有以下特点：能利用水层掩护进行隐蔽活动和对敌方实施突然袭击；有较大的自给力、续航力和作战半径，可远离基地，在较长时间和较大海洋区域以至深入敌方海区独立作战，有较强的突击威力；能在水下发射导弹、鱼雷和布设水雷，攻击海上和陆上目标。

潜艇配套设备多样，技术要求高，全世界能够自行研制并生产潜艇的国家不多。潜艇自卫能力差，缺少有效的对空观测手段和对空防御武器；水下通信联络较困难，不易实现双向、及时、远距离的通信；探测设备作用距离较近，观察范围受限，容易受环境影响，掌握敌方情况比较困难；常规动力潜艇水下航速较低，水下高速航行时续航力极为有限，充电时须处于通气管航行状态，易于暴露。

• 潜艇原理

潜艇的运动是靠改变潜艇的自身重量来实现的。潜艇有多个蓄水舱，当潜艇要下潜时就往蓄水舱中注水，使潜艇重量增加，大于它的排水量，潜艇就下潜；要上浮时就往外排水，使潜艇重量降低，小于它的排水量，潜艇就上浮。

CHUAN ZHANG HAI SHANG RI JI

● 船舶之最

最大的原油船 〉

"诺克·耐维斯"船体长458米，宽69米，载重吨为564 763吨，满载排水量825 614吨。能够容纳将近65万立方米的原油（将近410万桶），利用其3.5英寸厚、由住友造船开发的双层船体技术，来防止原油意外渗漏污染环境的可能。然而，满载后的这艘船吃水超过24米，因此无法通过水深较浅的世界主要航道，例如巴拿马运河与苏伊士运河等人工河道，或甚至连英吉利海峡也无法穿越。另外，由于这样的吃水深，满载时的"诺克·耐维斯"号并无法进入世界大部分的主要港口，而需要特殊的接驳设施，在外海直接卸载原油。

虽然是世界上最巨大的船只，但因为高度的自动化设计与电脑辅助，"诺克·耐维斯"号仅需用35~40名的船员就能顺利航行。

最大的集装箱船 >

　　"艾玛·马士基"巨轮长397.7米，比332.9米的世界最大的航空母舰——美国海军尼米兹级航空母舰还要长60多米；船宽56.4米，相当于一个足球场的宽度；可载箱量为1.1万标准箱，这些集装箱排列起来，需要一列71千米长的火车来运载；船舶仅锚链的重量就达到29吨，相当于5头成年非洲象的重量；船舶的马力相当于1156辆家用轿车马力的总和。"艾玛·马士基"也是目前世界上最环保、设备最先进的集装箱船舶。该船拥有提高燃油使用效率系统、废热量循环系统、电子化控制引擎等，能够有效地降低燃油消耗率，每年航行约17万海里。该船使用了当今世界最先进的造船技术，高度自动化，用计算机系统全面监控，仅需要13名船员操作。

最大的邮轮 〉

CHUAN ZHANG HAI SHANG RI JI

由著名的皇家加勒比公司历时2年（芬兰阿克尔造船厂）、耗费4亿英镑（约8亿美元）巨资打造的"海洋独立"号是"世界最大的超级邮轮"，2008年5月展开了处女航。"海洋独立"号总长339米，船体高度达到了72米，共有18层楼、1817间客房、近2000个船舱，仅乘客区就有15层。邮轮的排水量达到了16万吨，可搭载4370名客人和1000名船务人员。也就是说，"海洋独立"号几乎是著名的"泰坦尼克"号邮轮的3倍大小！"海洋独立"号重达16万吨，比前世界最大邮轮"玛丽女王二世"号还多出8000吨。在3台强大的螺旋桨推行器的作用下，它的最大时速可达22节（约44千米/小时）。整艘邮轮共计用了343 741平方米的钢板、11.1万加仑的油漆、160千米的管道，以及5800平方米的门窗。船上不仅有容纳1350人的剧院、2000人的餐厅，甚至还有1个高尔夫球场，堪称一艘极尽奢华的"海上城市"。如果想要享受别样情调，从南安普敦到加纳利群岛的11日游需要支付1099英镑；如果要到地中海西部地区进行14日游，每人则要花费1299英镑。

不过"海洋独立"号的这一世界纪录不久又被打破。据悉，皇家加勒比公司打造的另一条超级邮轮"创世纪"号，它耗资7亿英镑，比"海洋独立"号体积大出45%。"创世纪"号同样由芬兰阿克尔造船厂承建，于2009年秋天建成并投入使用。它长360米，高73米，排水量22万吨，载客量5400人。

最豪华的邮轮 >

　　"玛丽女王二世"号游轮的吨位为15万吨,最多载客数可达到2800人,是有史以来吨位最大载客量最大的客轮(现已被超越);它的船身长达345米,比3个足球场加在一起还长,是世界上最长的客轮;它的高度为72米,相当于23层楼高,也是最高的客轮。与当年号称世界之最的"泰坦尼克"号相比,"玛丽女王二世"号也高大了许多,因为"泰坦尼克"号的长是294米,高只有31米。

　　"玛丽女王二世"号也是最豪华的客轮,船上有14个风格各异的酒吧和俱乐部,6个装饰精美、流光溢彩的豪华餐厅,5个宽敞的游泳池,1个可以上演精彩大节目的戏院,1个藏书不少的图书馆,1个迪斯科舞厅,1个娱乐场,还有2000个浴室、3000部电话、4500级台阶以及数百件美术作品。在它的1310个豪华双人客舱里,全部都设有私人健身房和小阳台,并一律配备有高级服务人员,如果有游客喜欢在海上看天空、赏月亮、观星星,"玛丽女王二世"号还可以为他们提供专门的天文馆。这样豪华巨大的客轮,船票自然也是高得惊人,据说最低也需要3000美元,最贵则高达6万美元。

最快的大帆船 >

　　1993年10月26日，澳大利亚墨尔本附近的沙滩，在500米测定速度的行驶中，翼艇"黄页努力"速度达到每小时46.52节（86.21千米）。这是有史以来水面上帆船达到的最快速度。该大翼艇帆高12米，有3个短滑行船身，是由林赛·坎宁安（澳大利亚）设计的，他还设计了澳大利亚的"小美国杯双体船"。它是由两位澳大利亚人西蒙·麦基翁和蒂姆·达多在其破纪录的行驶中创造的。

最快的飞艇 >

　　"马丁XP6M-1舰长"号最快速度为1040千米/小时，它是一艘4台喷气式发动机驱动的美国海军布雷艇，在1955年至1959年间服役。

56

最小的帆船 >

　　尚在服役中的最小的帆船是109米长的"谢多夫"号，于1921年建造于德国的基尔，俄罗斯海军现在还在使用它。该帆船横梁长14.6米，排水量为6300吨，帆面积4192平方米。"谢多夫"号速度可达17节（31千米）/小时，船上有65名培训生和120名受训军官。

最长的帆船 >

　　世界上最长的帆船是法国造的"Med俱乐部"号，长187米，有5根铝制桅杆，还有2800平方米的由计算机控制的聚酯船帆。作为Med俱乐部加勒比海的游船，它能载425名游客。

最大的航空母舰 >

美国海军航空母舰尼米兹家庭USS尼米兹号、德怀物·D.艾森豪威尔号、卡尔·文森号、西奥多·罗斯福号、亚伯拉罕·林肯号、乔治·华盛顿号和约翰·C.斯滕尼斯号（最后3艘排水量为103637吨），是所有战舰中全长为332.9米，甲板跑道面积为1.82公顷，由4台核能26万轴马力传动蒸汽涡轮机驱动，最高速度可达30节（56千米）/小时。尼米兹号有4个C-13Modl弹射器，能使最重的舰载机从固定点起飞，把速度加快到273千米/小时，飞离甲板跑道。

最大的水翼飞艇 >

1965年6月28日，美国华盛顿州西雅图市的洛克希德轮船公司长64.6米的"清晰视野"号下水，其全载重量为314吨，速度为92千米/小时。

最快的快艇 >

1984年6月，长147米的沙特皇家快艇"阿卜-阿齐兹"号下水。它建造于丹麦，最后在英国汉普郡南安普顿完工。

船长海上日记

CHUAN ZHANG HAI SHANG RI JI

最大的中国式帆船 >

有人认为最大的中国式帆船是长约164米、有9根桅杆、排水量为3150吨的"郑和"号。它是1420年左右由62艘商船组成的郑和船队中的旗舰。

最快的气垫船 >

1980年1月25日，在美国弗吉尼亚州的切萨皮克湾试验场，长24米、重110吨的美国海军试验气垫船下水，速度达105.7千米/小时。

郑和宝船
ZHENG HE TREASURE BOAT
1405——1433

最古老的专用战舰 >

　　用了6年之久，于1758年完工的英国皇家海军舰艇"胜利"号是最古老的专用战舰。该船索具长43.5千米，帆面积为1.6公顷。这艘现已回复原貌，停泊在英国汉普郡的朴次茅斯港，是世界上此类船只中唯一保留下来的样船。

最古老的蒸汽铁船 >

　　1843年，在英国的布里斯托尔，"SS大英"号下水，它是第一艘横渡大西洋的由螺旋桨驱动的铁船。它曾航行在英国至澳大利亚航线上，并在1855年至1856年运送军队参加克里米亚战争。1884年于合恩角遇险后，驶向福克兰群岛的斯坦利港避难，随后在那里充当贮藏船。直至1970年，该船从福克兰群岛被救出并运回到布里斯托尔，在此恢复了原貌。

● 逝去的邮轮

泰坦尼克号是一艘奥林匹克级邮轮,于1912年4月处女航时撞上冰山后沉没。泰坦尼克号由位于爱尔兰岛贝尔法斯特的哈兰德–沃尔夫造船厂兴建,是当时最大的客运轮船。在处女航中,泰坦尼克号从英国南安普敦出发,途经法国瑟堡–奥克特维尔以及爱尔兰昆士敦,计划中的目的地为美国纽约。1912年4月14日,船上时间夜里11点40分,泰坦尼克号撞上冰山;4月15日凌晨2点20分,船裂成两半后沉入大西洋。泰坦尼克号海难为和平时期死伤人数最惨重的海难之一。船上1500多人丧生。2012年10月16日,沉船遗物以1.89亿美元出售。

建造背景 〉

1901年白星公司被美国财阀朱利厄斯·皮尔庞特·摩根的IMM国际海运公司收购之后，他的目标是卡纳德公司。而财政状况窘迫的卡纳德公司则被迫向英国政府寻求帮助。1907年，一艘空前规模的快船——首次使用大型蒸汽轮机的卢西塔尼亚号和毛里塔尼亚号加入了卡纳德公司庞大的邮船队。白星公司在竞赛中被甩到了后面。有IMM做后盾，白星公司决定迎头赶上。

1908年的一天晚上，哈兰德-沃尔夫船厂老板皮尔里勋爵和白星公司主席布鲁斯·伊斯梅，在皮尔里勋爵位于伦敦贝尔格莱维亚区的大宅中共进晚餐。贝尔法斯特的哈兰德-沃尔夫船厂从1871年起就是白星公司的忠诚合作伙伴。他们谈到了卡纳德公司的2艘新船。伊斯梅提出在HW船厂建造2艘空前规模的巨轮，每艘有3座烟囱，吨位要超出卡纳德公司2艘新船1.5万吨左右。随着两人在皮尔里的书房里，2艘船变成了3艘，3个烟囱变成了4个烟囱，这3艘史无前例的巨船，将成为无

可争议的大西洋航线霸主，不光是在吨位上，而且在速度和豪华程度上。新船将拥有高度跨三层甲板的头等餐厅，甚至三等舱的装潢也将远比其他邮船舒适高级。新船要达到26至27节的高速，白星公司准备在新船上安装三副螺旋桨，为了试验这种新配置的可靠性，白星公司于1909年从"自治领海运公司"购买了2艘1.5万吨级的客船——双螺旋桨的梅甘尼

克号和3螺旋桨的劳伦铁克号,作对比试验,3个螺旋桨被证明可以给邮船带来速度上的优势。

奥林匹克级邮船中的第一艘在1908年12月16日在哈兰德–沃尔夫船厂开工。与其他公司新船下水前名字保密的做法不同,白星公司很快公布了3艘船的名字——奥林匹克号、泰坦尼克号和巨人号

(泰坦尼克号海难后改名不列颠尼克号,RMS Britannic)。由于船体尺寸太大——长达880英尺,哈兰德–沃尔夫船厂的造船台显然不能同时开工3条船。他们决定先建造1号(泰坦尼克号)和2号船(奥林匹克号),等1号船下水之后再开工建造3号船(巨人号)。

"泰坦尼克"沉船地实景

奢华构造 〉

　　1909年3月31日，泰坦尼克号开始建造于北爱尔兰的最大城市贝尔法斯特的哈兰德-沃尔夫造船厂。船体于1911年5月31日下水。全部工程于次年的3月31日完成。泰坦尼克号由哈兰德-沃尔夫造船厂厂长威廉·皮尔里、总设计师托马斯·安德鲁斯（有人叫他为托马斯·安德鲁）以及总经理亚历山大·卡利斯勒设计。白星航运公司常务董事布鲁斯·伊斯梅在设计过程中提供了很多意见。但他为了使泰坦尼克号的顶层甲板更为宽敞，将泰坦

尼克号的救生艇数量从原先的48艘削减为20艘，另外，为了使泰坦尼克号的头等舱更为奢华，他在得知这艘巨轮能承受4间灌满海水的底舱而不下沉后，降低了船身中段的隔水板高度。泰坦尼克号的建造资金来自摩根和他的国际商业海运公司。在当时是最大、最有声望的载人邮船。泰坦尼克号全长约269.06米，宽28.19米，吃水线到甲板的高度为18.4米，注册吨位46 328吨（净重21 831吨）。尽管她包含了更多的空间导致了更大的总吨数（比

她的姊妹船奥林匹克号多出1600吨）。4个硕大无比的烟囱中只有3个真正用于排出煤烟。剩下那个是个陪衬，实际用途是作为主厨房的烟囱和通风。船上有891名船员，可以运载2200名以上乘客。

但是白星公司的兴趣不在追求速度这方面。在当时，泰坦尼克号的奢华和精致堪称空前。船上配有室内游泳池、健身房、土耳其浴室、图书馆、电梯和一个壁球室。头等舱的公共休息室由精细的木质镶板装饰，配有高级家具以及其他各种高级装饰，并竭尽全力提供了以前从未见过的服务水平。阳光充裕的巴黎咖啡馆为头等舱乘客提供各种高级点心。泰坦尼克号的二等舱甚至是三等舱的居住环境和休息室都同样高档，甚至可以

和当时许多客轮的头等舱相比。3部电梯专门为头等舱乘客服务；作为革新，二等舱乘客也有1部电梯使用，不过，三等舱的乘客仍然需要爬楼梯。泰坦尼克号的面包师比格斯回忆说："……再不会有像她那样的船了。我曾经在奥林匹克号、庄严号、伊丽莎白王后号上工作过。它们都比不上泰坦尼克号。……不错，就像奥林匹克号一样，不过要豪华得多。比如大餐厅，泰坦尼克号的地毯则厚得可以没过膝盖，然后就是家具，重得你都抬不动。还有那些护墙板……他们可以建造一艘更大、更快的船，可是泰坦尼克号却把全部力量放在营建一个豪华与舒适的空间上。她的确是一艘了不起的船！比格斯说出来的是一种普遍的看法。泰坦尼克

号使得所有建造与设计她的人都受到诱惑。这种诱惑力之大，使她在多年之后，越来越脍炙人口。用《造船专家》杂志的话说，泰坦尼克号"在许多细节方面模仿了凡尔赛宫……摆满路易十五风格家具的休息室，风格类似法国的小特里亚农宫沙龙，壁炉上的雕刻作品是《凡尔赛宫的狩猎女神》。还有其他精美的浮雕和艺术作品……上等的柚木和黄铜装饰，吊灯和壁画，印度和波斯的地毯"。甚至三等舱也有大理石的洗漱池和床头取暖设备。泰坦尼克号在当时是无可比拟的奢华。尽管她不是第一艘提供甲板游泳池、健身房、浴室和升降梯的船，她竭尽全力提供了以前从未见过的服务水平。

船上最为奢华之处是头等舱的大楼梯，位于第一和第二烟囱之间。配有橡木镶板以及镀金栏杆的大楼梯一直延伸到E层甲板，顶部是由熟铁支架支撑的玻璃穹顶，使自然光洒满大楼梯。楼梯顶部的墙上镶有一盏钟，钟两侧雕刻着象征高贵和荣誉的寓言人物。在第三和第四烟囱之间还有一个相对朴素的类似楼梯。詹姆斯·卡梅隆在他的电影《泰坦尼克号》中忠实地再现了这个楼梯。

处女航行 >

1912年2月3日，泰坦尼克号完成了装潢工作，处女航最初被定在了3月20日。但泰坦尼克号起航前，奥林匹克号在1911年9月的那次倒霉的碰撞（与皇家海军的霍克号巡洋舰相撞）耽搁了泰坦尼克号的最后收工。她的处女航被安排在了4月10日。在此之前，还要在4月1日进行海上试航。一切圆满。泰坦尼克号于3日抵达南安普敦港，停泊在41号锚地，等待10日那天激动人心的时刻到来。作为不愉快的小插曲，由于南安普敦港煤炭工人罢工，加煤工作遇到了一点挫折。IMM公司不想再推迟泰坦尼克号的处女航，所以从公司所有停泊在南安普敦港的邮船煤舱里搜刮干净了所有的煤块。

1912年4月10日，在南安普敦港的海洋码头，"永不沉没"的泰坦尼克号启程驶往纽约。船长叫爱德华·约翰·史密斯（Edward Jorn Smith）。码头上挤满了乘客、来送行的家属、行李搬运工和海关的检查人员。上午11时，一号烟囱喷出了白色的蒸汽。29台锅炉中的25台开始依次生火。中午12时整，泰坦尼克号在拖船的拉动下慢慢离开了码头。两个外侧螺旋桨开始搅动南安普敦港的海水。泰

爱德华·约翰·史密斯

坦尼克号依次驶过了停泊在港口中的庄严号（不是后来德国赔偿的那艘）、费城号、圣路易斯号、海洋号和纽约号邮船，鸣笛向它们致意。这艘4.6万吨的大船似乎对其他船只很有吸引力。当她即将起航时，另一艘定期航船纽约号因为在水中移动的体积庞大，造成水流大量回填产生的吸引力几乎撞上了她的船体，导致了1小时的误点。泰坦尼克号的拖船伏尔甘号把纽约号的船身顶了回去。世界上最大的邮船开始了她的第一次、也是最后一次的航行。泰坦尼克号将乘客分为3个等

级。三等舱位在船身较下层也最便宜,这一类的乘客身份多为计划在大西洋对岸营造新生活的移民;二等舱与一般客房的装潢摆设,其实具备与当时其他一般船只的头等舱一样的等级,许多二等舱乘客原先是在其他船只上预定头等舱,却因为了泰坦尼克号的航行,将煤炭能源转移给泰坦尼克号而作罢。一等舱是整艘船只最为昂贵奢华的部分,当时世界最富有的几位名人就在这趟旅程上。

当天晚7时,泰坦尼克号抵达法国瑟堡港。另一批乘客和货物搭乘"游牧"号和"交通"号两艘专用摆渡船登上了泰坦尼克号,包括美国富翁阿斯特和玛格丽特·布朗夫人——后来被报纸称作"永不沉没的尊贵的布朗夫人"。另外有20余名

乘客经过短暂的旅程后下船,幸运地与死神擦肩而过。第二天中午,泰坦尼克号抵达爱尔兰的昆士敦。一批对新世界充满憧憬和希望的爱尔兰移民登上了船。一个乘客在这里上岸,他拍下的照片后来成了泰坦尼克号的绝版照片,今天在收藏家眼里价值连城。

按照伊斯梅的命令,泰坦尼克号在第二天就把速度加快到了23节。一路上,泰坦尼克号没有发生什么大事。船上的电报员菲利普忙着替头等舱乘客们拍发昂贵的私人电报,大多是报平安的和股票买卖交割的指令。

冰海沉没 〉

1912年4月14日，星期天晚上，一个风平浪静的夜晚，甚至一点风都没有。如果有的话，船员会发现波浪拍打在冰山上的点点波光。泰坦尼克号以22.3节的速度在这片漆黑冰冷的洋面上急速航行（极限航速24节）。接到附近很多船只发来的冰情通报，史密斯船长命令瞭望员仔细观察。这一年因为是冷冬，冰山比往年向南漂得更远。但是，泰坦尼克号的船员未能找到望远镜（因为当时船上唯一的一副双筒望远镜被二副锁在了柜子里，而那位保管柜子钥匙的二副最后并没有上船），瞭望员不得不用肉眼观测。

23时40分，瞭望员弗雷德里克·弗利特（后来生还）发现远处"两张桌子大小"的一块黑影，以很快的速度变大。他敲了3下驾驶台的警钟，抓起电话："正前方有冰山！"接电话的六副穆迪通知了旁边的一副默多克。默多克立刻下令打响车钟："所有引擎减速！左满舵！3号螺旋桨倒车！"在瞭望员发现冰山到船的右舷撞击冰山只经过了短短37秒。

大副随即下令左满舵、全船推进器紧急倒退两个指令，后来证实第一个命令是一个致命的错误，就在他下令37秒后，泰坦尼克号因为船体太大而且前进速度太快而无法及时停止前进，朝冰山撞去。

1912年4月那个寒冷的夜晚，泰坦尼克号和冰山发生死

一副威廉·麦克马斯特·默多克

71

亡之吻：船的右舷和冰山底部碰撞后猛烈摩擦，使右舷前部吃水线下被划擦出了一个约93米长的大口，所有货舱和6号锅炉房开始汹涌地涌入海水。

这次碰撞的结果，后来为人们所熟知。但当时船上的乘客和船员们却反应不一。头等舱和二等舱一些睡得不熟的乘客被一阵轻微的金属刮擦声惊醒了。船身轻微震动了一下。有人以为遇上了大浪，有人以为是触礁了，还有人以为是螺旋桨发生了故障。但是下面船舱的乘客感觉到的震动剧烈得多。有的乘客看到了舷窗外擦身而过的乳白色冰山。有些擦掉的冰块掉到了船舱里。底层的移民乘客更是心惊肉跳地发现，冰冷刺骨的海水正从不知道的什么地方漫过门缝。船很快停了下来。一些乘客披上外套来到甲板上。北大西洋上空繁星闪烁，气温则低达−1℃，水温更低。漆黑的天穹下，泰坦尼克号的窗户里发出温暖的淡黄色灯光，四根高大的黄黑两色烟囱中冒着白色的蒸汽烟雾。突然，有三根烟囱发出了震耳欲聋的轰鸣声和嘶叫声。懂得蒸汽机的乘客知道，这是船上的锅炉安全阀门在释放掉多余的过热高压蒸汽。

得到通知的史密斯船长和哈兰德–沃尔夫造船厂的首席造船工程师托马斯·安德鲁一道检查受损情况。前面的5

托马斯·安德鲁

个隔舱都涌进了海水。海水似乎正在有条不紊地漫过H甲板。在邮件舱昏暗的灯光照耀下，成包的邮件漂浮在海水上。检查过所有水密舱之后，安德鲁平静地对史密斯船长说："这艘船没救了。"史密斯船长问还剩下多少时间，得到的答复是一个小时，最多两小时。之后发生的事情，大家已经都很清楚了。15日凌

晨零点5分，史密斯船长下令准备放救生艇。

零点15分，泰坦尼克号发出了"CQD MGY"的呼救信号。CQD是当时通用的遇险信号，MGY是泰坦尼克号的无线电呼叫代号。不久又发出了新近被国际海事协会确定的SOS求救信号。很多大西洋上的船只都收到了求救电报。加拿大太平洋公司的圣殿山号、卡纳德公司的卡佩西亚号、俄国货船缅甸号，还有法兰克福号、弗吉尼亚号、奥林匹克号等船只都在加速向出事地点赶来。就在18海里外的不定期客船加利福尼亚号的发报员则在这时关掉电报机睡觉去了。这艘船已经被浮冰困了将近一天，船上一晚上都没什么大事，好像也不会发生什么大事。此船如果在收到电报后全速救援，可以赶在沉船前到达现场，可惜它没有。

第一艘到达事故现场的卡佩西亚号看到的冰山。

73

　　零点45分，第一艘救生艇被放下。船上发射了第一枚遇险火箭。一片闪亮的白色火星缓缓落下。

　　零点55分，泰坦尼克号的船头已经没入水中。救生艇边的工作则是乱七八糟，尽管妇女和儿童先登上救生艇的美德得到了遵守，但很多救生艇在半空的状态下就被放了下去。不过这也不能怪船员，当时，泰坦尼克号是首个拥有游泳池的邮轮的航海界都认为如果救生艇满载人员放下去的话，会造成损坏甚至倾覆。泰坦尼克号的救生艇设计得很结实，但是船员们不知道这一点。结果可以搭载1178人的

救生艇，只上去了651人（还有一些人是跳海之后被救上救生艇）。在船的左舷，救生船只载妇女和儿童。在右舷，则是妇女优先逃生之后允许男性登艇。所以，在右舷获救的人数比在左舷获救的多。

　　到了1点40分，最后一艘折叠救生艇被放下海面。船上的乐队共8人在乐队指挥华莱士·哈特利的带领继续为乘客们演奏音乐，以平复这些注定要在几十分钟后死去的人们，他们一直演奏到最后一刻。面对生死抉择，有些人选择像绅士一样地死去，富翁古根海姆穿上夜礼服，"即使死去，也要死得像个绅士"。来自

丹佛市的伊文斯夫人把救生艇座位让给一个孩子的母亲，而白星公司主席伊斯梅则抛下他的乘客、他的船员、他的船，在最后一刻跳进救生艇。人性的善与恶在这里被揭露无遗。随着涌入船身前部的海水越来越多，船尾逐渐离开水面，高高地翘起。凌晨1点35分，海水浸入了锅炉室。

2点10分，一直坚守岗位的菲利普斯发出最后一封呼救电报。

2点13分，船上29台大型锅炉纷纷离开底座，互相冲撞着砸破一道一道的水密墙，在船头部位砸开大洞落入海水中。2点17分，海水涌入中央电力控制室，引发短路，全船灯光熄灭。

2点18分，伴随一阵巨大的断裂声，泰坦尼克号船身从2、3号烟囱中间的地方断为两截。

2点18分，船头部分沉入海中，后半截砸回海面，因为船尾进水和船头的拉扯，船尾又慢慢地翘了起来，缓缓下沉。

2点19分，因为巨大的压力，船头在水下和船尾分离，高速沉了下去。

船尾因为不断进水，垂直的插下海中，于2点20分完完全全消失在大西洋的海面上。从撞击冰山到完全沉没只花了2小时40分钟。

部分幸存者

工业时代自信的代价 〉

泰坦尼克号是人类的美好梦想达到顶峰时的产物，反映了人类掌握世界的强大自信心。它的沉没，向人类展示了大自然的神秘力量，以及命运的不可预测。到泰坦尼克号沉没那天为止，西方世界的人们已经享受了100年的安稳和太平。科技稳定地进步，工业迅速地发展，人们对未来信心十足。泰坦尼克号的沉没惊醒了这一切。这艘"永不沉没的轮船"——埃菲尔铁塔之后最大的人工钢铁构造物，工业时代的伟大成就，因为对自然的威力掉以轻心，满不在乎，所以在处女航中就沉没了。泰坦尼克号将永远让人们牢记人类的傲慢自信所付出的代价。人们永远也忘不了这幅画面：泰坦尼克号在海底昂着头，残破和污迹也掩盖不了她的高贵。这就是她的归宿，历史就这样演变成了传奇。

这场灾难震惊了国际社会。因为它向一些人证明了：人和人们的技术成就无法与自然的力量相比。

在当时的炼钢技术并不十分成熟，炼出的钢铁在现代的标准根本不能造船。泰坦尼克号上所使用的钢板含有许多化学杂质硫化锌，加上长期浸泡在冰冷的海水中，使得钢板更加脆弱。

泰坦尼克号船首右舷

栏杆、铁链和辅助抛锚杆

沉没原因 >

灾难发生后，西方国家媒体迅速以大量篇幅报道了沉船事件，对于沉船的原因和场景描述各式各样，莫衷一是。其中有一种"木乃伊诅咒"的说法充满了传奇色彩。

大约在1900年前后，考古学家在埃及古墓中发掘一具刻有咒语的石棺，其文如下："凡是碰到这具石棺的人，都会遭难。"可科学家们并没有理会这些，他们打开了石棺，展现在他们面前的是一具木乃伊。

他们把石棺运回英国并在大英博物馆展出。不久参加考古工作的成员莫名奇妙接二连三地死去。一时间，关于木乃伊显灵的说法此起彼伏。大英博物馆也被迫把展览取消。10年后，一位富有的美国人希望高价收买石棺和木乃伊并如愿以偿，当时正值泰坦尼克号首航，于是他便将他的"宝贝"运上了泰坦尼克号。可惜谁都没有注意到，在石棺上刻着最后一句咒语是"将被海水吞没"，连上面的咒语就是"凡是碰到这具石棺的人，都会遭难，将被海水吞没"。

当然这种说法缺乏科学依据，科学家在寻找更多的证据来揭示泰坦尼克号的沉没之谜。

77

• 科学原因

这艘偌大的邮轮究竟为什么会沉于海底呢？由于技术上的原因，直至1991年，科学考察队才开始到水下对残骸进行考察，并收集了残骸的金属碎片供科研用。这些碎片以及沉船在海底的状况使人们终于解开了巨轮泰坦尼克号沉没之谜。考察队员们发现了导致泰坦尼克号沉没重要细节。造船工程师只考虑到要增加钢的强度，而没有想到要增加其韧性。把残骸的金属碎片与如今的造船钢材作一对比试验，发现在泰坦尼克号沉没地点的水温中，如今的造船钢材在受到撞击时可弯成 V 形，而残骸上的钢材则因韧性不够而很快断裂。由此发现了钢材的冷脆性，即在 −40℃ ~0℃ 的温度下，钢材的力学行为由韧性变成脆性，从而导致灾难性的脆性断裂。而用现代技术炼的钢只有在 −70℃ ~−60℃ 的温度下才会变脆。不过不能责怪当时的工程师，因为当时谁也不知道，为了增加钢的强度而往炼钢原料中增加大量硫化物会大大增加钢的脆性，以致酿成了泰坦尼克号沉没的悲剧。

一个海洋法医专家小组对打捞起来的泰坦尼克号船壳上的铆钉进行了分析，发现固定船壳钢板的铆钉里含有异常多的玻璃状渣粒，因而使铆钉变得非常脆弱、容易断裂。

这一分析表明：在冰山的撞击下，可能是铆钉断裂导致船壳解体，最终使"泰坦尼克"号葬身于大西洋海底。

遗物拍卖

　　泰坦尼克号豪华邮轮于 1912 年撞冰山沉入深海，船上 1500 多人丧生。探险家罗伯特·巴拉德领导的国际探险小组 1985 年首次发现泰坦尼克号沉船遗址，普利尔展览旗下的 RMS 泰坦尼克子公司在 1994 年获得泰坦尼克号的独家打捞权。自 1987 年以来，该公司共 8 次前往沉船遗址处打捞，共计获得 5500 多件文物。从 3800 米深处的大西洋海底打捞出的文物包括精致的瓷器、银制餐具以及一个 17 吨重、带完整舷窗的船身残骸。

　　2012 年 10 月 16 日，普利尔展览公司发布了一份文件称，该公司已和一些匿名买家签订了一份不具法律约束力的意向书，以 1.89 亿美元卖出泰坦尼克号所有文物。该文件发布后，普利尔展览公司的股价下跌了 18%。

　　普利尔公司本来希望出手泰坦尼克号的文物以便公司能够更加专注于巡回展览业务，但是法院 2010 年曾规定，为了保证文物的完整性，出售泰坦尼克号文物时必须整体卖出。

　　拥有普利尔展览股份的对冲基金产品经理比尔·伍拉豪斯介绍说："买家是超级富豪群体，他们有丰富的展览资源，对泰坦尼克号文物充满热情，同时还满足法院规定的购买条件。"

　　普利尔展览公司称，此次出售虽然在资金和法律规定上有一些障碍，但也是为了泰坦尼克号文物找到一个永久的安居之所而做出的努力，同时此举还能给公司股东带来利益。

1:48模型 〉

　　为了还原泰坦尼克号的细节，让大家对这艘沉船有更好的了解，FAM精细艺术模型公司找到北爱尔兰贝尔法斯特的哈兰德–沃尔福造船厂合作，花费7年时间打造了这款1:48的模型。调研和设计工作用了2年，包括当年设计师的手稿记录，力争重现泰坦尼克上每一处不同于其他奥林匹克级邮轮的独特改动。从1995年后期到1998年，公司先行试制了1:192的模型，最终版本于2002年完成——比泰坦尼克本身的建造时间还要长。

　　完成的这艘泰坦尼克号模型超过18英尺，1500磅，内部铺设了超过8英里的光纤用以重现照明设施，内部装饰、家具全部严格按泰坦尼克当时的设计图进行了还原，它完全就是一艘缩小的泰坦尼克。

● 海港之夜

港口是具有水陆联运设备和条件,供船舶安全进出和停泊的运输枢纽。是水陆交通的集结点和枢纽,工农业产品和外贸进出口物资的集散地,船舶停泊、装卸货物、上下旅客、补充给养的场所。由于港口是联系内陆腹地和海洋运输(国际航空运输)的一个天然界面,因此人们也把港口作为国际物流的一个特殊节点。

港口分类 〉

- **一般分类**

- **基本港**

是运价表现定班轮公司的船一般要定期挂靠的港口。大多数为位于中心的较大口岸，港口设备条件比较好，货载多而稳定。规定为基本港口就不再限制货量。运往基本港口的货物一般均为直达运输，无需中途转船。但有时也因货量太少，船方决定中途转运，由船方自行安排，承担转船费用。按基本港口运费率向货方收取运费，不得加收转船附加费或直航附加费，并应签发直达提单。

- **非基本港**

凡基本港口以外的港口都称为非基本港口。非基本港口一般除按基本港口收费外，还需另外加收转船附加费。达到一定货量时则改为加收直航附加费。例如新几内亚航线的侯尼阿腊港，便是所罗门群岛的基本港口；而基埃塔港，则是非基本港口。

- **按用途分类**

港口按用途分，有商港、军港、渔港、工业港、避风港等。

- **按位置分类**

按所在位置可分为海岸港、河口港和内河港，海岸港和河口港统称为海港。

• **河口港**

　　位于河流入海口或受潮汐影响的河口段内，可兼为海船和河船服务。一般有大城市作依托，水陆交通便利，内河水道往往深入内地广阔的经济腹地，承担大量的货流量，故世界上许多大港都建在河口附近，如鹿特丹港、伦敦港、纽约港、列宁格勒港、上海港等。河口港的特点是，码头设施沿河岸布置，离海不远而又不需建防波堤，如岸线长度不够，可增设挖入式港池。

• **海港**

　　位于海岸、海湾或潟湖内，也有离开海岸建在深水海面上的。位于开敞海面岸边或天然掩护不足的海湾内的港口，通常须修建相当规模的防波堤，如大连港、青岛港、连云港、基隆港、意大利的热那亚港等。供巨型油轮或矿石船靠泊的单点或多点系泊码头和岛式码头属于无掩护的外海海港，如利比亚的卜拉加港、黎巴嫩的

西顿港等。潟湖被天然沙嘴完全或部分隔开，开挖运河或拓宽、浚深航道后，可在潟湖岸边建港，如广西北海港。也有完全靠天然掩护的大型海港，如东京港、香港港、澳大利亚的悉尼港等。

• **河港**

　　位于天然河流或人工运河上的港口，包括湖泊港和水库港。湖泊港和水库港水面宽阔，有时风浪较大，因此同海港有许多相似处，如往往需修建防波堤等。苏联古比雪夫、齐姆良斯克等大型水库上的港口和中国洪泽湖上的小型港口均属此类。

港口功能 ＞

CHUAN ZHANG HAI SHANG RI JI

港口历来在一国的经济发展中扮演着重要的角色。运输将全世界连成一片，而港口是运输中的重要环节。世界上的发达国家一般都具有自己的海岸线和功能较为完善的港口。港口的功能可归纳为以下4个方面：

1. 物流服务功能。港口首先应该为船舶、汽车、火车、飞机、货物、集装箱提供中转、装卸和仓储等综合物流服务，尤其是提高多式联运和流通加工的物流服务。

2. 信息服务功能。现代港口不但应该为用户提供市场决策的信息及其咨询，而且还要建成电子数据交换（EDI）系统的增值服务网络，为客户提供订单管理、供应链控制等物流服务。

3. 商业功能。港口的存在既是商品交流和内外贸存在的前提，又促进了它们的发展。现代港口应该为用户提供方便的运输、商贸和金融服务，如代理、保险、融资、货代、船代、通关等。

4. 产业功能。建立现代物流需要具有整合生产力要素功能的平台，港口作为国内市场与国际市场的接轨点，已经实现从传统货流到人流、货流、商流、资金流、技术流、信息流的全面大流通，是货物、资金、技术、人才、信息的聚集点。

港口历史 〉

　　最原始的港口是天然港口，有天然掩护的海湾、水湾、河口等场所供船舶停泊。在西方，地中海沿岸有许多古代重要港口。今希腊克里特岛南岸就有文化时期梅萨拉港的遗址。腓尼基人约于公元前2700年在地中海东岸兴建了西顿港和提尔港（在今黎巴嫩）。此后，在非洲北岸建了著名的迦太基港（在今突尼斯）。古希腊时代在摩尼契亚半岛西侧兴建了比雷克斯港。马其顿王亚历山大于公元前332年在埃及北岸兴建了亚历山大港。罗马时代在台伯河口兴建了奥斯蒂亚港（在今意大利）。随着商业和航运业的发展，天然港口已不能满足经济发展的需要，须兴建具有码头、防波堤和装卸机具设备的人工港口，这是港口工程建设的开端。产业革命后，开始了大规模的港口建设。19世纪初出现了以蒸汽机为动力的船舶，于是船舶的吨位、尺度和吃水日益增大，为建造人工深水港池和进港航道需要采用挖泥机具以后，现代港口工程建设才发展起来。陆上交通尤其是铁路运输将大量货物运抵和运离港口，大大促进了港口建设的发展。

　　中国在汉代建立了广州港，同东南

亚和印度洋沿岸各国通商。后来，建立了杭州港、温州港、泉州港和登州港等对外贸易港口。到唐代，还有明州港（今宁波港）和扬州港。由明州港可渡海直达日本；扬州港处于大运河和长江的交汇点，为当时水陆交通枢纽，出长江东通日本，或经南海西达阿拉伯。宋元时期，又建立了福州港、厦门港和上海港等对外贸易港口。1840年鸦片战争后，英国强迫清政府签订《南京条约》，开放广州、福州、厦门、宁波、上海5港为通商港口。此后帝国主义者强迫清政府开辟的通商港口有天津、青岛、汉口等港。他们在各自占据的租界区内修建码头，夺取在中国的筑港权

以至港口管理权。中华人民共和国成立后，中国港口事业开始了新的发展。20世纪50年代初，建成有万吨级泊位的湛江港和有近代化煤码头的裕溪口港。70年代中期以来，在大连港建成万吨级石油码头，在宁波北仑港建成万吨级矿石码头。天津、上海、黄埔等港的集装箱码头也已建成投产。山东石臼所将于1985年建成万吨级的煤炭出口码头。

改革开放以后，中国沿海港口建设重点围绕煤炭、集装箱、进口铁矿石、粮食、陆岛滚装、深水出海航道等运输系统进行，特别加强了集装箱运输系统的建设。政府集中力量在大连、天津、青岛、上海、宁波、厦门和深圳等港建设了一批

深水集装箱码头，为中国集装箱枢纽港的形成奠定了基础；煤炭运输系统建设进一步加强，新建成一批煤炭装卸船码头。同时，改建、扩建了一批进口原油、铁矿石码头。到2004年底，沿海港口共有中级以上泊位2500多个，其中万吨级泊位650多个；全年完成集装箱吞吐量6150万标准箱，跃居世界第一位。一些大港口年总吞吐量超过亿吨，上海港、深圳港、青岛港、天津港、广州港、厦门港、宁波港、大连港8个港口已进入集装箱港口世界50强。世界上进行国际贸易的港口有2000多个，其中吞量超过1亿吨的有鹿特丹港、纽约港、神户港、横滨港、上海港等。鹿特丹港的年吞吐量为3亿吨左右。

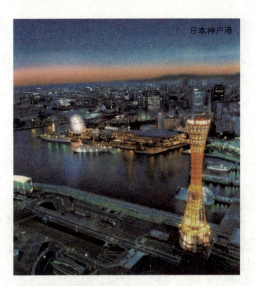
日本神户港

世界著名港口 〉

现今世界有各类大小港口有3000多个，其中国际贸易商港约占77%，约有500个港口能停靠3.5万吨级船舶，能靠10万吨级的约有70个。下面就以大洲为序，介绍一些较有影响的海港。

• 亚洲著名港口

• 日本横滨港

位于本州中部东京湾西岸，是日本最大海港。横滨港岸线长约40千米，水深8~20米，水深港阔，很少受风浪影响。港区共计91个泊位，水深多在12米以内。此外有专用码头，水深达17米，可泊15万吨级大型散货船。每年约有8万~9万艘船舶出入港口。出口主要是工业制成品，进口货物主要有原油、铁矿石等工业原料和粮食。年吞吐量为1.22亿吨。

• 日本神户港

位于本州岛西南部，大阪湾北岸。码头岸线长33千米，呈扇形，水深9~12米。有码头泊位227个。神户港港岛是日本第一个人工岛，东西两面共有28个泊位，其中12个是集装箱泊位，成为日本最大的集装箱运载基地。六甲岛也是人工岛，建有1.5万吨级泊位22个，为集装箱专用码头。输入货物主要是矿石、燃料、橡胶、粮食、化学品等；输出货物主要是机械、纺织品、日用品等。年吞吐量为1.59亿吨。

• 日本千叶港

位于本州东南部，东京湾东北隅，是日本最大工业港口。港区有300多个泊位，其中专用泊位占93%，水深9米以上码头占80%。输入货物为工业原料和燃料，石油和天然气占80%以上，其次为铁矿石、煤炭和木材；输出货物以汽车为主，占50%~60%，其次是钢铁、船舶等。年吞吐量1.68亿吨。

日本横滨港

日本名古屋港

• 日本名古屋港

位于本州岛中部，是日本第三大贸易港。水深可达 12 米，加上浮筒泊位，可同时停靠 310 艘船。名古屋港输入物资主要有原油、铁矿石、煤炭、粮食、原木；输出货物大部分为运输机械、钢铁、陶瓷制品、橡胶和化工产品等，其中汽车占 70% 以上。年吞吐量为 1.25 亿吨以上。

• 新加坡港

新加坡港

位于马来半岛南面，扼马六甲海峡东口，有"东方十字路口"之称。港口有 6 个港区，60 多个泊位，水深在 8~11 米之间。由于地处赤道，终年可畅通无阻。年进出船只约 4 万艘，货物吞吐量 1.88 亿吨。

• 俄罗斯符拉迪沃斯托克港

是亚洲太平洋沿岸著名港口。主要货运流向是俄罗斯太平洋沿岸、北冰洋东部沿岸及萨哈林岛和千岛群岛，运输石油及煤炭、粮食、日用品、建材和机械设备，并运回鱼及鱼产品、金属、矿石等。年吞吐量约 700 万吨。

俄罗斯符拉迪沃斯托克港

印度孟买港

• 巴基斯坦卡拉奇港

是巴基斯坦最大的城市和港口，人口 680 万。港内吃水 8 米以下船舶可随时出入，共有普通泊位 28 个，油轮泊位 4 个。主要输出稻米、羊毛、铬矿砂、皮革等；进口有石油、金属、机械、车辆和煤炭等。年吞吐量 1600 多万吨。

• 印度孟买港

是印度最大海港和第二大工业城市。港口海岸线长 20 千米，有 42 个泊位。出口货物主要有棉花、棉织品、小麦、花生、黄麻、皮革、锰矿石、石油制品、蔗糖和香料等；进口货物主要有工业设备、建筑材料、钢材和粮食等。年吞吐量 2000 万吨。

巴基斯坦卡拉奇港

91

也门亚丁港

• 也门亚丁港

是也门最大港口城市。位于阿拉伯半岛西南端，是红海通往印度洋的要冲。这里水面开阔，水深 9~10 米，有 27 个深水泊位可供万吨级轮船停靠。进口货物有粮食、糖、运输工具、机械设备、轻工产品、建材等；输出货物主要是石油、盐、咖啡、棉花、纸张、鱼虾等。

斯里兰卡科伦坡港

• 斯里兰卡科伦坡港

是斯里兰卡首都，也是全国第一大港。港区水深 9~11 米，拥有现代化泊位 15 个，可同时停 5 万吨级船舶 40 艘，年吞吐量约 500 万吨。

• 土耳其伊斯坦布尔港

是土耳其最大港口城市，位于巴尔干半岛东端，博斯普鲁斯海峡南端，扼黑海入口，地处欧亚交通要道，人口 550 万。该港运转全国 57% 的进口和 15% 的出口货物。

土耳其伊斯坦布尔港

92

• 美洲著名港口

• 美国洛杉矶港

是美国西海岸最大商港，由毗邻的洛杉矶港和长滩港组成。两港岸线总长 74 千米，水深 12~18 米，可供 18 万吨以下船舶出入。主要运出货物有棉花、石油产品、飞机、橡胶、其他工业品；输入钢铁、木材、咖啡和其他原料。年吞吐量 7000 多万吨。

• 美国旧金山港

是美国太平洋沿岸仅次于洛杉矶的第二大港。港区平均水深 30 米，潮差小。港区有 50 个码头，每年有 8000 多艘商船来往于此。输出大宗货物有工业品、石油制品、粮食、奶制品、水泥、蔬菜和水果罐头；输入货物有石油、纸张、羊毛、咖啡、菜、蔗糖、热带水果，年吞吐量 5000 万吨。

美国旧金山港

美国洛杉矶港

加拿大温哥华港

• 加拿大温哥华港

是加拿大第三大城市，也是最大海港。位于加拿大西南部太平洋沿岸，为天然良港，航道水深 8.23~20.5 米，潮差较小，终年不冻。温哥华内港口窄内宽，延伸 32 千米，水深 12 米。温哥华是世界最重要的小麦输出港之一，每年出口约 800 万吨小麦，还有煤、矿石、木材、纸浆、面粉、鱼品等；进口货物主要是咖啡、可可、糖、茶、钢铁、水泥等。年吞吐量 5000 万吨。

· 美国纽约港

　　位于美国东北部大西洋岸，是美国最大城市和最大海港。航道水深一般为15~20米，20万吨级巨轮可自由出入。有深水泊位150多个。年吞吐量1亿吨。

美国休斯敦港

美国纽约港

· 美国休斯敦港

　　是美国南部最大城市、全国石油工业中心和第三大港，也是美国最大的石油和小麦输出港。年货物吞吐量近1亿吨。

阿根廷布宜诺斯艾利斯港

• 巴西里约热内卢港

　　是巴西第二大城市和最大海港，南临大西洋。港湾口窄内宽，外有岛屿屏障，是著名的天然良港。码头长约6千米，有矿石、煤、石油等多种专业化码头和集装箱码头。进口主要物资有煤、石油等；出口主要有咖啡、蔗糖、皮革、铁、锰矿石等。年吞吐量3500万吨以上。

• 阿根廷布宜诺斯艾利斯港

　　阿根廷首都，全国最大城市和最大的国际贸易港。该港系人工港，水深10米左右，有7个设施完备的港区，码头总长9千米。输出有牛肉、谷物、羊毛、皮革、亚麻籽等；输入机械、钢铁、燃料和工业品等。年吞吐量3 000万吨。

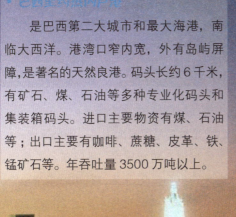

巴西里约热内卢港

• 欧洲著名海港

• 法国马赛港

　　位于法国南部，地中海北岸罗讷河出口处，是法国第二大城市和最大港口，是仅次于鹿特丹的欧洲第二大港。马赛港共有 138 个泊位。进口货物以石油、液化天然气为主，约占进口量 2/3，此外有粮食、油料、咖啡、棉花和化肥等。年吞吐量为 1 亿吨。

罗马尼亚康斯坦萨港

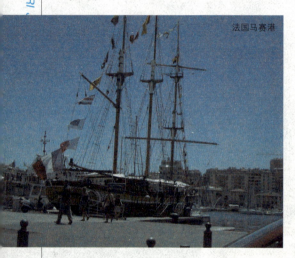
法国马赛港

• 罗马尼亚康斯坦萨港

　　是罗马尼亚最大海港。濒临黑海，位于多瑙河三角洲东南，是终年不冻良港。港区码头总长 16 千米，有 100 多个泊位，水深 13 米；新建泊位水深达 20 米，可供 20 万吨级油轮停泊。输出货物主要是石油产品、粮食、木材及机械产品等；输入货物多为原料、燃料，如铁矿砂、焦煤等。年吞吐量为 6500 万吨。

荷兰鹿特丹港

• 意大利热那亚港

　　是意大利最大海港。位于意大利西北部。热那亚港水深 9~15 米，码头线总长 22 千米，可停泊 200 艘船只。每年进出港船舶达 1.6 万多艘。年吞吐量 6000 万吨。

意大利热那亚港

• 荷兰鹿特丹港

　　是世界最大港口。位于北海沿岸，莱茵河与新马斯河汇合口。现有 7 个港区，40 多个港池，码头岸线总长 37 千米。共有 650 多个泊位，同时可供 600 多艘轮船作业。现每 16 分钟就有一艘远洋船进港或出港，是世界上最繁忙的港口之一，年吞吐量为 3 亿吨。

• 比利时安特卫普港

是比利时第二大城市和最大港口。港区航道水深 14 米，可停泊 8 万吨级散装货轮，拥有泊位 500 多个，每年进港远洋货轮 1.8 万艘。该港有冷藏库容 40.5 万立方米。进口货物以原油、矿砂、食品、原料为主；出口货物以钢铁、化工、玻璃和纺织等制成品为主。年吞吐量近 1 亿吨。

比利时安特卫普港

• 法国勒阿弗尔港

是法国第二大港，巴黎的外港。该港自然条件优越，水深 15.5 米。新建成的航道长 20 千米，水深 22 米，可通 25 万吨级散装船。集装箱码头岸线长 800 米，为法国最大集装箱港口。进口货物主要是燃料、工业原料如石油、天然气、矿石、棉花、咖啡、木材等。年吞吐量为 8000 万吨。

法国勒阿弗尔港

德国汉堡港

• 德国汉堡港

位于易北河下游，码头全长 65 千米，共有 500 多个泊位。汉堡港转口货物约占年吞吐量 1/3。进口货物主要是石油、原料、食品；出口货物有机器、电子产品、燃料等。年吞吐量为 6300 万吨。

英国伦敦港

• 英国伦敦港

英国的首都，人口 678 万。伦敦港码头长 33 千米，一般水深 9.7 米。货物以进口为主，主要是煤、石油、原木、羊毛、粮食等；出口货物主要是机械产品、钢材、化工产品等。年吞吐量为 5000 万吨。

97

英国利物浦港

• 英国利物浦港

位于英格兰西海岸。港内水深约10米，是天然良港。码头全长11千米。出口工业品、钢铁、化学制品、机械和汽车等；进口货物有粮食、糖料、棉花、烟草、木材、金属及其他原料。年吞吐量为3000万吨。

• 荷兰阿姆斯特丹港

是荷兰首都、最大城市和全国第二大港。10万吨以下货轮可以通过一条12千米长运河从北海进入港口，运河最深达13米。阿姆斯特丹港是西欧大宗货物过境港之一，主要过境大宗货物有矿石、煤、谷类、木材、石油等。远洋货运量年约2300万吨。

荷兰阿姆斯特丹港

• 俄罗斯圣彼得堡港

是俄罗斯第二大城市和最大港口。位于波罗的海芬兰湾东岸。港区有 50 多个泊位，可停靠吃水 10.5~11.5 米的海轮。出口物资主要是机械、仪表、电站设备、机床等。年吞吐量为 1000 万吨以上。

• 瑞典哥德堡港

位于瑞典西南部。每年进出港口的船只 1.7 万艘。主要出口货物纸浆与纸、木材、汽车、钢材等；进口石油、金属和水果等。年吞吐量为 2400 万吨。

• 葡萄牙里斯本港

是葡萄牙首都，全国最大城市和海港。港区码头岸线长 15 千米，可同时容纳 100 艘 200 米长的大船。输出货物有葡萄酒、软木、松脂、沙丁鱼罐头等；进口货物主要是工业原料，年吞吐量 2000 万吨。

俄罗斯圣彼得堡港

瑞典哥德堡港

葡萄牙里斯本港

船长海上日记

· 非洲著名港口

· **莫桑比克马普托港**

是莫桑比克首都和最大港口。位于莫桑比克东南部。港区由9千米长的深水航道与外海相连，码头总长3033米，水深8~15米。出口货物主要有煤、铁、石棉、蔗糖、棉花、剑麻、椰子等；进口货物以石油、机械为大宗。年吞吐量为2500万吨。

· **埃及亚历山大港**

全国第二大城市。内港码头长4千米，可停靠吃水8.5米的轮船。主要出口货物有棉花、纺织品、蔬菜、水果等。进口货物主要有粮食、木材、矿产品、机器、工业品等，年吞吐量为2760万吨。

· **埃及塞得港**

位于埃及东北部苏伊士运河北端，是个优良人工港。港区水深16米。该港是尼罗河三角洲东部棉花、稻米、盐、冷冻食品的出口港。由于地处印度洋、大西洋、黑海和地中海航路要冲，所以也是重要转口港。

· **南非开普敦港**

是南非的立法首都、第二大城市和重要港口。位于非洲大陆南端，为天然良港。港区有3个坞式港池，40多个深水泊位，码头总长11千米。输出货物主要有水果、食品罐头、皮革、羊毛、纺织品等；输入货物主要为石油、机械设备等。年吞吐量为1000万吨。

· **利比里亚蒙罗维亚港**

是利比里亚首都和最大港口。港口航道宽245米，水深11.5~14米，主码头全长610米。输出橡胶、铁矿石、金、钻石、棕油、林产品等；进口粮食、矿山机械、工业品等。年吞吐量为1300万吨。

CHUAN ZHANG HAI SHANG RI JI

100

莫桑比克马普托港

埃及亚历山大港

埃及塞得港

南非开普敦港

• 大洋洲著名港口

• 澳大利亚悉尼港

是澳大利亚最大城市和重要港口。低潮时主航道水深 12.8 米，有 120 个泊位和长达 18 千米的装卸区。进口以石油产品为主，其次是木材和日用杂货；出口煤炭、羊毛和小麦。年吞吐量为 3000 万吨。

• 新西兰奥克兰港

是新西兰最大城市和港口。港口主要输入货物有钢铁、石油、酒精以及机械、谷物和纺织品；输出货物有奶产品、肉产品、羊毛等。

新西兰奥克兰港

澳大利亚悉尼港

中国十大港口 〉

CHUAN ZHANG HAI SHANG RI JI

• 宁波港、舟山港

宁波港由北仑港区、镇海港区、宁波港区、大榭港区、穿山港区组成，是一个集内河港、河口港和海港于一体的多功能、综合性的现代化深水大港。现有生产性泊位191座，其中万吨级以上深水泊位39座。最大的有25万吨级原油码头，20万吨级（可兼靠30万吨船）的卸矿码头，第六代国际集装箱专用泊位以及5万吨级液体化工专用泊位；已与世界上100多个国家和地区的600多个港口通航。宁波港主要经营进口铁矿砂、内外贸集装箱、原油成品油、液体化工产品、煤炭以及其他散杂货装卸、储存、中转业务。2005年宁波港实现吞吐量26 864万吨。

舟山港位于浙江省舟山群岛舟山市，背靠经济发达的长江三角洲，是江浙和长江流域诸省的海上门户。港口具有丰富的深水岸线资源和优越的建港自然条件，可建码头岸线有1538千米，其中水深大于10米的深水岸线183.2千米；水深大于20米以上的深水岸线为82.8千米。全港有定海、沈家门、老塘山、高亭、衢山、泗礁、绿华山、洋山8个港区，共有生产性泊位352个，其中，万吨级以上11个，2003年全港完成货物吞吐量5700万吨。港口与日本、韩国、新加坡、马来西亚、美国、俄罗斯及中东地区均有贸易运输往来。舟山港作为上海国际航运中心和上海－宁波－舟山组合港的主要组成部分，港口开发是舟山未来最具潜力和竞争力的产业。2004年，全港完成港口货物吞吐量7359.26万吨。2005年舟山港货物吞吐量超过8000万吨。

宁波港

上海港

• 上海港

　　上海港控江襟海，地处长三角水网地带，水路交通十分发达。上海市内河港区共有 3250 个泊位，最大靠泊能力为 2000 吨级。党的十一届三中全会以后，上海港的发展步入了快车道。20 世纪 90 年代新建了罗径、外高桥一期、外高桥二期等新港区。港口经营业务主要包括装卸、仓储、物流、船舶拖带、引航、外轮代理、外轮理货、海铁联运、中转服务以及水路客运服务等。1996 年 1 月，上海国际航运中心建设正式启动。2002 年 6 月，洋山深水港区开工建设，上海港又开始从河口港向真正的海港跨越。2003 年完成货物吞吐量 3.16 亿吨。完成集装箱吞吐量 1128.2 万标准箱，是我国大陆首个突破 1000 万 TEU 大关的港口。2004 年货物吞吐量和集装箱吞吐量快速增长，分别完成 3.79 亿吨和 1455 万标准箱，分列世界港口第二位和第三位。上海港 2005 年的货物吞吐量达 4.43 亿吨，完成的集装箱吞吐量达到 1809 万标准箱，比上年增长 24.2%，继续稳居世界第三位。

• 广州港

广州港地处我国外向型经济最活跃的珠江三角洲地区中心。港区分为虎门港区、新沙港区、黄埔港区和广州内港港区。广州港国际海运通达 80 多个国家和地区的 300 多个港口，并与国内 100 多个港口通航，是中国华南地区最大的对外贸易口岸，主要从事石油、煤炭、粮食、化肥、钢材、矿石、集装箱等货物装卸（包括码头、锚地过驳）和仓储、货物保税业务以及国内外货物代理和船舶代理；代办中转、代理客运；国内外船舶进出港引航、水路货物和旅客运输、物流服务等。2004 年，广州港货物吞吐量快速增长，全年完成 2.15 亿吨。2005 年广州港实现吞吐量 25 093 万吨。

天津港

• 天津港

天津港地处渤海湾西端，是我国华北西北和京津地区的重要水路交通枢纽。拥有各类泊位 140 余个，其中公共泊位 76 个，岸线总长 14.5 千米，万吨级以上泊位 55 个。2003 年,天津港货物吞吐量完成 1.62 亿吨，实现一年净增 3000 万吨的历史性突破，吞吐量在中国北方居第一位。天津港是中国大陆最早开展国际集装箱运输业务的港口。1973 年 9 月，天津港成功开辟了我国第一条国际集装箱航线。1980 年，天津港建成中国第一个集装箱码头。2004 年，集装箱吞吐量完成 381.6 万标准箱。2004 年，货物吞吐总量达到 2 亿吨，实现一年净增 4000 万吨的跨越式发展。2005 年天津港实现吞吐量 24 144 万吨。

广州港

• 青岛港

青岛港是国家特大型港口，由青岛老港区、黄岛油港区、前湾新港区三大港区组成。港口拥有码头15座，泊位73个，主要从事集装箱、煤炭、原油、铁矿、粮食等各类进出口货物的装卸服务和国际国内客运服务，与世界上130多个国家和地区的450多个港口有贸易往来，是太平洋西海岸重要的国际贸易口岸和海上运输枢纽。港口吞吐量2004年达到1.61亿吨，上缴国家各种税费17.5亿元。2005年青岛港实现吞吐量18 678万吨。

青岛港

• 大连港

　　大连港位居西北太平洋的中枢，是转运远东、南亚、北美、欧洲货物最便捷的港口。港口自由水域346平方千米，陆地面积10余平方千米，拥有集装箱、原油、成品油、粮食、煤炭、散矿、化工产品、客货滚装等80来个现代化专业泊位，其中万吨级以上泊位40多个。海上运输已开辟到香港、日本、东南亚、欧洲等国际集装箱航线8条。2003年，港口实现货物吞吐量1.26亿吨，完成集装箱吞吐量167万标准箱，是世界上为数不多的亿吨大港之一。2005年完成港口货物吞吐量1.7亿吨，集装箱吞吐量300万TEU。全年完成港口重点工程建设投资60亿元。

唐山港

大连港

• 唐山港

　　唐山港分为曹妃甸港区、京唐港区和丰南港区，形成分工合作、协调互动、三港齐的总体发展格局。

　　三港区的基本定位和主要功能：曹妃甸港区是为服务曹妃甸循环经济示范区和大宗散货转运为主的大型综合性港区，为邻港冶金、石化、能源、装备制造、建材等大型重化工业服务；利用深水岸线资源优势，发展大宗原材料转运功能，并承担"北煤南运"的重要任务。京唐港区是为腹地经济发展所需各类物资运输服务的综合性港区，为唐山市及其他腹地的通用物资转运服务，并在唐山港煤炭运输中发挥辅助作用。丰南港区规划建设地点位于丰

南沿海工业区，东与曹妃甸新区相连，西与天津滨海新区相连，北距沿海高速公路15千米，交通便利、区位优越。丰南港区初步设计总投资31.8亿元，以服务丰南沿海工业区为主，同时服务于南堡开发区、芦汉经济技术开发区和唐山市区，建成后年吞吐量可达2050万吨。

　　唐山港位于河北省唐山市东南、滦河口以南乐亭县王滩乡。西北距唐山95公千米，东北距秦皇岛105千米，西距天津180千米。港口后方交通便利，京山、京秦、大秦三大铁路干线横贯唐山市，并有唐遵、汉张、卑水、遵潘4条铁路相辅，新建的坨（子头）王（滩）铁路线，自京山线坨子头接轨至港区长75.66千米。津榆、唐秦、京唐等主要公路干线，把唐山和东北、华北广大地区连成一体，境内乡村道路成网，四通八达。

　　唐山港口岸通航以来，货物吞吐量以年增100万~150万吨的速度迅速提高。2001年吞吐量突破1000万吨，跨入国家千万吨港口行列，在全国沿海主要港口中居第23位，货种包括煤炭、矿石、原盐、粮食、化肥、水泥、设备、集装箱等十多大类、数十个货种，航线通达亚、欧、美等20多个国家和地区及国内90多个港口。

船长海上日记

• 秦皇岛港

位于渤海岸的秦皇岛港，是我国北方的一座天然良港。主要货种有煤炭、石油、粮食、化肥、矿石等。秦皇岛港以能源输出闻名于世，主要将来自祖国内陆山西、陕西、内蒙古、宁夏、河北等地的煤炭输往华东、华南等地及美洲、欧洲、亚洲等国家和地区，年输出煤炭占全国煤炭输出总量的50%以上，是我国北煤南运的主要通道。全港拥有全国最大的自动化煤炭装卸码头和设备较为先进的原油、杂货与集装箱码头，共有泊位58个，其中生产性泊位37个。秦皇岛油港现有一、二期两个码头，2.5万吨级泊位两个，5万吨级泊位一个，3千吨级成品油泊位一个，年通过能力1650万吨。2004年，秦皇岛港共完成吞吐量1.53亿吨，比上年增长20.27%。2005年秦皇岛港实现吞吐量16 902万吨。

唐山港

深圳港

• 深圳港

深圳港位于广东省珠江三角洲南部，珠江入海口伶仃洋东岸，毗邻香港，是华南地区优良的天然港湾。深圳港口的直接腹地为深圳市、惠阳市、东莞市和珠江三角洲的部分地区。货物以集装箱为主，兼营化肥、粮食、饲料、糖、钢材、水泥、木材、砂石、石油、煤炭、矿石等。2004 年深圳港货物吞吐量达 1.35 亿吨，增长 20.33%，集装箱吞吐量 1365 万标准箱，增幅为 28.22%。2005 年，深圳港建成 10 个集装箱专用泊位，并开发建设铜鼓航道。2005 年深圳港货物吞吐量达 1.53 亿吨，集装箱吞吐量 1619.71 万标准箱。

营口港

• 营口港

营口港由营口港区、鲅鱼圈港区共同组成。营口港历史悠久，对外开埠距今已有整整 140 多年的历史，曾是我国东北地区唯一通商口岸，以"东方之贸易良港"闻名中外。1936 年港口吞吐量曾达 246 万吨。进入 21 世纪后，营口港已向深水化、专业化、多功能化的现代港口迈进。至 2003 年底，营口港共有生产泊位 29 个，万吨级以上深水泊位 17 个。2004 年营口港全年共完成货物吞吐量 5977 万吨，比 2003 年增长 45.1%，装运集装箱 58.3 万标准箱，比 2003 年增长 44.7%。年度运营总收入突破 10 亿元。营口港货物吞吐量 2005 年全年实现 7537 万吨，集装箱运输量实现 78.7 万标准箱。

航海探险

航海家指以海上探险为职业的人，人类的航海史演绎出了无数段传奇的故事，而这些航海家更是一群不畏艰难、勇于探险的英雄，他们是智慧与勇气的象征。尽管大航海时代离我们远去了，但他们的精神永远激励我们奋发向上。

中国的航海发展得很早，在秦朝时期就有3000名童男童女东渡日本的故事，后来著名的有鉴真东渡。明朝时期的郑和七下西洋更是创造了伟大的功绩。

明朝后期，政府腐败，加之倭寇的骚扰，明朝政府开始了海禁，限制了中国航海业的发展，这时期欧洲的航海业发展起来，西班牙和葡萄牙成为当时海上的霸王。

哥伦布 >

1492年8月初，出海的一切已准备就绪。一支将在大洋上航行的最赫赫有名的船队停泊在西班牙西南的一个小海港帕洛斯港中。它包括哥伦布的旗舰"圣玛丽亚"号和两艘轻快帆船"平塔"号和"尼娜"号。三艘船大小各不相同，在船上装有大炮，与当地土著居民做交易的物品以及6个月粮食和其他食品。旗舰"圣玛利亚"号，重130吨，长约35米，甲板长18米，有3根桅杆，并备有角帆，由哥伦布任船长。第二艘是"平塔"号，船长是马丁·宾森，重90吨，速度快，船体长度只有旗舰长度的一半。第三艘"尼娜"号，重约60吨，船长是马丁的兄弟维森特·宾森。宾森兄弟也是作为投资者参加这次探险的，是否成功也与他们的切身利益紧密关联。

最困难的工作是招募水手，队员中有相当一部分是哥伦布的朋友、用人，也有好奇的官员们。相当一部分是以这次航行为条件特赦的犯人。这样凑成了88人，其中包括一名懂阿拉伯语的语言学家。这是因为在那时人们认为所有语言的母语是阿拉伯语，所以这位语言学家是打算在会见中国大汗时充当翻译的。

哥伦布画像

1492年8月3日，哥伦布率领船队起锚出海了。那时没有一点风，船帆无力地悬垂着，船队缓缓地趁着落潮沿着廷托河驶出。

8月12日，船队驶到了位于非洲近海的加那利群岛。补充了木柴和供应品之后，9月6日，船队离开加那利群岛，由于所有的船员情绪都很好，所以没有一个逃亡的。船队乘着加那利群岛附近常起的东北风朝正西方航行，根据哥伦布几年前在这一带航海的经验，这种东北风是越洋驶向日本国最好的风向。

船队顺着偏东风日夜不停地航行着，有时一昼夜可以向西航行150多英里。可是日复一日，总是那空无一物的海面展现在人们面前。船员们过着单调的海上生活。从早到晚，船童每隔30分钟报告一次根据沙漏得到的时间。船员每隔4小时换一次班，由于在15世纪后期的小船上，只有船长和一两名高级官员才有享受舒适的船舱和卧铺的权力，所以不当班的船员只有懒洋洋地躺在甲板上闲聊，或缩在阴凉处好好地睡上一觉。

远航开始的日子里，哥伦布过得非常愉快，空气清新的早晨，煦暖的午后和宁静的大海给他带来了巨大的喜悦。唯一使他焦虑不安的是海员们焦虑的心情。哥伦布在开始的时候就准备了两本航海日志。一本记录他估计的每天驶过的实际距离，是秘密的；另一本记载的航程比实际航程小得多，是公开的，这样是为了在航期拖长时，使船员们不致感到惊恐而失去信心。但是由于哥伦布总是把航速估计过高，所以他这本假日志倒更接近于实际的情况。

虽然，两个星期后，由于风向改变，航队开始逆风而行，可这却使哥伦布感到宽慰。在他的日记中这样写道："我正需要这逆风，因为船员们很担心这一带海上以后永远不会有适当的风向来送他们返回西班牙。"

哥伦布一生中最愉悦的日子要算他回来后的几个月，4月中旬他被召进宫，并且得到了将军的封号，隆重的招待也大出哥伦布意料之外。哥伦布也因此成了风云一时的英雄。

哥伦布雕像

113

詹姆斯·库克 〉

詹姆斯·库克是英国的一位探险家、航海家和制图学家。

他由于进行了3次探险航行而闻名于世。通过这些探险考察，他给人们关于大洋，特别是太平洋的地理学知识增添了新的内容。他还被认为在通过改善船员的饮食，包括增加水果和蔬菜等来预防长期航行中出现的坏血病方面也有所贡献。库克船长在太平洋和南极洲的伟大的航行为世界科学发展作出了巨大的贡献，同时他也是第一位绘制澳大利亚东海岸海图的人。

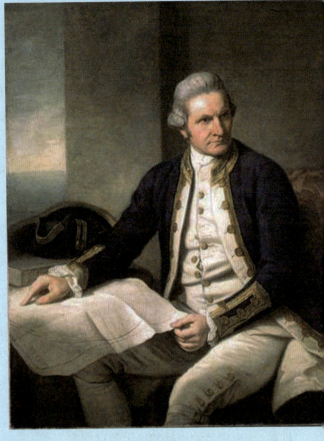

库克于1728年10月27日出生于英国约克郡的一个贫苦农民家庭里。18岁时，他在一家船主那里找到一项工作并且到波罗的海作了几次航行。当英法战争爆发时，他作为一名强壮的水手应征到皇家海军服役。不到一个月他被提升为大副。4年之后升为船长。1759年，他授权指挥一艘舰船参加了圣·劳伦斯河上的战斗。1763年，战争结束之后，库克作为纵帆船"格伦维尔"号的船长承担了新西兰及加拿大的拉布拉多和新斯科舍沿岸的调查工作。在4年多的时间里他取得了许多重要成果。这些成果后来由英国政府予以发表。

CAPTAIN JAMES COOK
1728 - 1779

麦哲伦 〉

麦哲伦1480年生于葡萄牙北部的一个破落的骑士家庭。10岁左右进入王宫服役，充当王后的侍从。16岁时进入葡萄牙国家航海事务厅，因而熟悉了航海事务的各项工作。麦哲伦环球航行是世界航海史上的一大成就，是葡萄牙航海探险家麦哲伦率领的探险船队在1519—1522年9月实现的。麦哲伦环球航行的成功不仅开辟了新航线，还通过他的探险航行证明了地球是圆的，地球是个圆球。

古代中国人认为天圆地方；古代巴比伦人认为地是圆的，大地周围是河流；古代欧洲人认为大地是一个平面，海的尽头是无底洞。在古希腊人绘制的地图上，在海的尽头画上一个巨人，巨人手中举着一块路牌，上面写着：到此止步，勿再前进。也有些古希腊哲学家认为大地是球形的。但是，15世纪的欧洲大多数人认为大地是平的，海洋尽头是无底深渊。

麦哲伦

115

• 起因

麦哲伦是地圆说的信奉者，他在1517年就向葡萄牙提出了环球航行计划，但是没有得到支持。西班牙国王为了获得更多财富，正想向海外发展。西班牙国王支持麦哲伦进行航海探险，为麦哲伦装备远航探险船队。麦哲伦的探险船队由5艘远洋海船、200多名船员组成，旗舰"特里尼达"号排水量110吨，其他3艘不足百吨。

• 经过

• 麦哲伦探险船队出发

1519年9月20日，麦哲伦探险船队驶离了西班牙。探险船队的5艘远洋海船在大西洋的惊涛骇浪中航行。11月19日，探险船队利用东北季风和赤道海流，沿非洲西海岸南下。当船队行驶到佛得角群岛时，转向西行，横渡大西洋，到达南美洲巴西海岸。此时，麦哲伦探险船队沿着南

麦哲伦船队

美海岸南下航行了4个月。1520年3月31日，麦哲伦发现一个平静的港湾，麦哲伦把它命名为"圣胡利安"港，船队驶入港湾，在那里抛锚，准备在这个港湾里过冬。

麦哲伦探险船队在"圣胡利安"港度过了一个冬天。1520年5月中旬，为了找到通往太平洋的航线，麦哲伦派出一艘远

洋帆船向南航行，探索航路，但不慎触礁受损。这样，当麦哲伦探险船队再次扬帆起航时只剩下4艘远洋帆船。

• 通过"麦哲伦海峡"

1520年10月21日，探险船队沿着南美洲海岸向南航行，发现了一条通往太平洋的海峡。海峡两岸峭壁林立，风急浪高。船队冲向海峡，驶入一个比较宽阔的

海港，穿过海港向前航行，又发现一条海峡，在海峡外又有一个宽阔的海港。麦哲伦船队向南航行几天，接连穿过几个海港，发现两条水道，一条朝东南，另一条朝西南。麦哲伦让"圣安东尼奥"号和一艘海船向东南航行，他自己乘坐的旗舰"特里尼达"号带领另一艘海船向西南航行。结果，朝西南航行的海船发现了一个海角和一片海洋。在旗舰"特里尼达"号上的麦哲伦高兴得掉下眼泪，并把这个海角命名为希望角。而向东南航行的"圣安东尼奥"号却走进了死胡同，在返回途中又找不到船队，"圣安东尼奥"号船上的主舵手乘机哗变，驾驶了风帆船返回西班牙。而麦哲伦却一无所知，以为它失踪了。

麦哲伦

麦哲伦船队只剩了3艘风帆船继续在海峡里航行。麦哲伦以顽强的意志，指挥船员们与风浪作斗争。经过28天苦斗，终于在1520年11月28日，船队终于走到水道的尽头，前面是一片浩瀚的海洋。这表明船已通过海峡，进入了太平洋。后人为纪念麦哲伦，把这条海峡称为麦哲伦海峡。

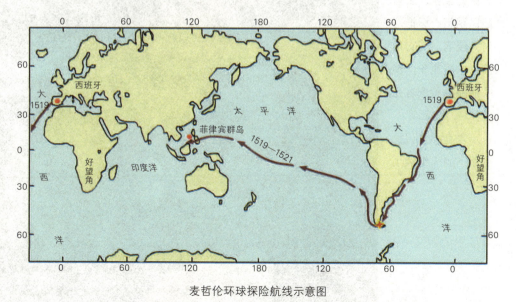

麦哲伦环球探险航线示意图

• 麦哲伦客死他乡

1521年，麦哲伦船队横渡了太平洋。那年3月8日，麦哲伦船队抵达菲律宾群岛中的胡穆奴岛。3月27日，船队到了马克坦岛，其后又到了宿务岛。麦哲伦想征服岛上的土著居民，把岛上的一个个小王国变成西班牙的殖民地。麦哲伦带领船员，手持火枪、利剑，强行登上陆岸，用血腥手段征服这个地区，并用西班牙国王菲利普二世来命名这个地区，菲律宾的名称就这样由来。麦哲伦船队遭到了土著居民的反抗，土著居民用箭、标枪对付入侵者。一支毒箭射中麦哲伦，使得航海探险家客死他乡。

麦哲伦死后，他手下的人继续了麦哲伦未完成的航程，船队于1521年11月8日驶入马鲁古群岛，船员们与当地人交换货物。12月21日，"维多利亚"号远洋帆船满载香料，离开了马鲁古群岛，而麦哲伦船队的旗舰"特里尼达"号因为船体漏水，无法继续航行。

麦哲伦

• 结果

　　"维多利亚"号远洋帆船渡过印度洋，绕过好望角，越过佛得角群岛，于1522年9月6日回到了西班牙，完成了人类首次环球航行。麦哲伦船队的5艘远洋海船只剩下"维多利亚"号远洋帆船，出发时的200多名船员只剩下18名船员返回。麦哲伦船队以巨大的代价获得环球航行成功，证明了地球是圆球形的，世界各地的海洋是连成一体的。为此，人们称麦哲伦是第一个拥抱地球的人。

119

迪亚士 〉

巴尔托洛梅乌·迪亚士（约1450—1500年5月24日），为葡萄牙著名的航海家，于1488年春天最早探险至非洲最南端好望角的莫塞尔湾，为后来另一位葡萄牙航海探险家瓦斯科·达·伽马开辟通往印度的新航线奠定了坚实的基础。

巴尔托洛梅乌·迪亚士

• 探险时代背景

13世纪末，威尼斯商人马可·波罗的游记，把东方描绘成遍地黄金、富庶繁荣的乐土，引起了西方到东方寻找黄金的热潮。然而，奥斯曼土耳其帝国的崛起，控制了东西方交通要道，对往来过境的商人肆意征税勒索，加之战争和海盗的掠夺，东西方的贸易受到严重阻碍。到15世纪，葡萄牙和西班牙完成了政治统一和中央集权化的过程，他们把开辟到东方的新航路，寻找东方的黄金和香料作为重要的收入来源。这样，两国的商人和封建主就成为世界上第一批殖民航海者。

• 迪亚士的个人背景及探险动机

迪亚士出生于葡萄牙的一个王族世家，青年时代就喜欢海上的探险活动，曾随船到过西非的一些国家，积累了丰富的航海经验。15世纪80年代以前，很少有人知道非洲大陆的最南端究竟在何处。为了弄明白这一点，许多人雄心勃勃地乘船远航，但结果都没有成功。作为开辟新航路的重要部分，西欧的探险者们对于越过非洲最南端去寻找通往东方的航线产生了极大的兴趣。因此，迪亚士受葡萄牙国王若昂二世委托出发寻找非洲大陆的最南端，以开辟一条通往东方的新航路。经过10个月时间的准备后，迪亚士找来了4个相熟的同伴及其兄长一起踏上这次冒险的征途，并于1487年8月从里斯本出发，率领两条武装舰船和一艘补给船，沿着非洲西海岸向南驶去，以弄清非洲最南端的秘密。

• 航海路线

1487年8月葡萄牙航海家巴托洛梅乌·迪亚士率领一支由3条船组成的探险队出发，目的是沿着非洲西海岸南下，绕过非洲，打开一条通往印度的航路。

迪亚士率船队离开里斯本后，沿着已被他的前几任船长探查过的路线南下。过了南纬22度后，他开始探索欧洲航海家还从未到过的海区。大约在1488年1月初，迪亚士航行到达南纬33度线。1488年2月3日，他到了今天南非的伊丽莎白港。迪亚士明白自己真的找到通往印度的航线。为了印证自己的想法，他让船队继续向东北方向航行。3天后，他们来到一个伸入海洋很远的地角，迪亚士把它命名为"风暴之角"。后来被葡萄牙国王改名为"好望角"。

• 迪亚士的事迹

葡萄牙航海家迪亚士接受了葡萄牙国王约翰二世的命令，于 1487 年 8 月从里斯本出发，率领两条各载 100 吨的双桅大帆船，沿着非洲西海岸向南驶去。1488 年 3 月 12 日，他们在非洲最南端的崖石上刻下了葡萄牙国王若昂二世的名字，以及葡萄牙盾形纹徽、十字架等等，以纪念这一发现。1488 年 12 月，船队在经过一年零五个月的航行之后，安全回到里斯本。这是葡萄牙人探寻新航路的一次突破。葡萄牙国王认识到发现非洲南端的重要性，到东方有了希望，因此命名为好望角。迪亚士受到了国王的嘉奖。

1497 年，迪亚士受命于国王曼努埃尔一世，再次率领 4 条大船远航。他绕着非洲古岸，沿途进行殖民贸易，并开发黄金输出港口。1500 年 5 月 12 日，船队在海上见到彗星。迷信的船员认为这是灾难降临的预兆，都不禁惊慌失色。无巧不成书，5 月 24 日，船队在好望角附近的洋面上遇到大西洋飓风。4 条大船被冲天恶浪掀翻，迪亚士及其伙伴葬身大西洋海底。然而，新的航路已被打通，西方殖民势力从此也就从非洲伸展到了亚洲。

达·伽马 >

达·伽马

　　达·伽马，葡萄牙人（约1460—1524）年，欧洲从海上直通印度的新航路。出生于葡萄牙的一个落没贵族。

　　青年时代他参加过葡萄牙与西班牙的战争，后到葡萄牙宫廷任职。1497年7月8日受葡萄牙国王派遣，率船从里斯本出发，寻找通向印度的海上航路，船经加那利群岛，绕好望角，经莫桑比克等地，于1498年5月20日到达印度西南部卡利卡特。同年秋离开印度，于1499年9月9日回到里斯本。伽马在1502—1503年和1524年又两次到印度，后一次被任命为印度总督。达·伽马通航印度，促进了欧亚贸易的发展。在1869年苏伊士运河通航前，欧洲对印度洋沿岸各国和中国的贸易，主要通过这条航路。这条航路的通航也是葡萄牙和欧洲其他国家在亚洲从事殖民活动的开端。

亨利王子 >

提起历史上地理大发现的大航海时代，首先应该提到的是欧洲小国葡萄牙的远航事业；提起大航海时代的葡萄牙，首先应该提到的是葡萄牙国旗上那一片绿色所代表的亨利王子。

葡萄牙最初是作为卡斯提尔王国公主的嫁妆而分裂出来的，其国名在拉丁语里，原意是"温暖的港口"，这倒是很名副其实。那里土地贫瘠，物产有限，唯一可以依靠的也只有其"温暖的港口"。葡萄牙的陆上国境线全部与强国西班牙（当时是强大的卡斯提尔王国）相邻，几乎没有任何发展空间。到15世纪，其人口已经达到150万左右，他们唯一的出路只有向海上发展，而最早意识到这一点的，正是被后世称为"航海家"的亨利王子。

亨利王子（恩里克王子）生于1394年，其父亲是葡萄牙国王若昂一世，母亲是莎士比亚在《理查二世》中写到的冈特的约翰之女菲利芭。1415年，年轻的亨利王子随父亲参加了攻克北非城市休达的战役，在战役中亨利王子起了重要作用，表现了非凡的勇气。不过幸运的是这位也许可以成为陆上英雄，在与穆斯林的战场上驰骋风云的王子最终没有投身于陆

上事业，而是投身于当时的杰出人物都不屑一顾的航海事业。

在15世纪初，虽然航海技术已经有了很大提高，但航海事业还远不是现代人所想象的浪漫事业。而是极为艰苦、风险极大、收获很小的事业，一般贵族阶层很少有人涉足。当时的海船很小，一般载重数十吨到一百多吨，乘数十人。船员住着低矮的船舱，在其中甚至无法直立。厨房设备简陋，食物常常是半生不熟。淡水是用小木桶装的，很快就会变质，黏糊糊的，满是朽木铁锈味儿。一离岸就得不到蔬菜吃，常常使船员死于坏血病。抛开频发的海难事故不说，仅仅是极差的卫

生条件就使大批海员死于各种疾病。在当时,海员的死亡率为40%。在这种情况下,生活正常的人们是很难有兴趣去航海的,成为海员的常常是无业游民、小偷、罪犯等等。

很难想象,衣食不缺、地位高贵,完全可以凭陆上事业大展宏图的亨利王子为什么会投身于航海事业。但他从休达回国后,就开始着迷于航海。他清醒地认识到葡萄牙的发展方向只能是海上,他的远航事业最大的目的则是找到传说中东方的基督教"普莱斯特·约翰"的国家,从而与之夹击北非的穆斯林。此外,当时葡萄牙得知关于西非廷巴克图黄金贸易的信息也引起了亨利王子的兴趣,据他的助手迪戈·戈麦斯所说,正是这一信息使亨利王子想到从海上探寻这些地方。

这里还应该提到的一点是,亨利王子当时继承了由圣殿骑士团(已被教皇解散)的残余组成的葡萄牙的阿维斯骑士团的首领,而骑士团在葡萄牙拥有大片地产。这在日后成为其远航事业的物质基础。

从1415年开始，亨利王子就着手准备对非洲西北部的探险，他曾经亲自参与了海船的改进，从意大利网络了大批航海人才，在萨格里什（今圣维森特角）创建了航海学校，教授航海、天文、地理等知识。并在附近的拉各斯修建海港、船坞，建造海船。亨利王子把骑士团一年的收入拿出来，装备了几支远航探险队，对西北非洲各地进行了广泛的航海探险。从此，葡萄牙的航海事业有计划地展开了。

1418年，札科和泰赫拉发现马德拉群岛。1431年到达大西洋上的亚速尔群岛。1434年，吉尔·埃阿尼什越过欧洲航海家的极限——博哈多尔角，进入传说中的"魔鬼之海"。1436年，鲍尔达亚在博哈多尔角登陆第一次遇到黑人，葡萄牙人第一次进入"黑非洲"。

1437年，亨利亲王（此时已经是亲王）第三次参加了征服北非的战役（前两次是1415年和1418年），此战葡萄牙人惨败，其兄费尔南多王子被俘。亨利亲王在这次战役失败后，更集中力量向海上发展。

1441年，贡萨尔维什第一次在黑非洲抓获黑人，并运回10名黑人卖为奴隶。从此开始了长达几个世纪的奴隶贸易。

黑人奴隶成为葡萄牙人在非洲的第一个赢利"事业"，亨利亲王从中抽取1/4的税收。1448年，亨利王子在阿奎姆岛建立欧洲人在黑非洲的第一个殖民据点，日后成为奴隶贸易的中心。

1445年，著名的迪亚士家族中的第一个航海家迪尼斯·迪亚士出场。他发现塞内加尔河，并一举越过西非沙漠海岸，发现佛得角（绿角）。同年，费尔南迪斯发现冈比亚河。1446年，特利斯陶在几内亚比绍海岸被黑人的毒箭射死，成为大航海时代第一个丧生的航海家。

1458年，亨利亲王最后一次参加了征服北非的战役，攻占了休达以西的阿尔卡塞。此次远行，也是他最后一次乘船航海。他一生中最远只是四次航行到北非，但其事业为他赢得了"航海家亨利"的历史称号。

1460年亨利逝世，他的船长们已经勘探到西非的塞拉利昂。

亨利王子在一生中，如苦行僧一般简朴地长期生活在航海中心萨格里什，他并没有得到里斯本的朝廷多少支持，并且可以说因其盛名而饱受排挤。但可以说整个葡萄牙的航海事业开始于亨利王子，也可以说整个欧洲的地理大发现开

始于亨利王子，所以后世的葡萄牙人用国旗上那一片绿色向他致敬。

亨利王子在远航探险的事业中，耗费了大量的财力、物力、人力，而事实上在他生前，得到的实际收获并不大。但他看准了这个事业，并为之付出了毕生的精力，为后世葡萄牙一举成为富强的海洋帝国打下了基础。

在地理大发现的时代，那些驾着漏水的破船，吃着发霉的食物、甚至蛆虫、老鼠，喝着变质的臭水，没有航海图、只能靠上帝决定航向，为看一眼新海岸的模糊轮廓就离家漂泊数年的航海者，的确是真正的勇士。在我们向亨利王子致敬的同时，也应该向他的意大利、葡萄牙、加泰罗尼亚、丹麦船长们致敬，也应该向他的勇敢的船员们致敬，不管他们曾经是战士还是贫民、是流氓还是囚犯，因为他们在人类的发展史上跨出了一大步！

日本77岁老人独自驾游艇完成8次环球航行

日本 77 岁老人历经 1080 天的艰难险阻，独自一人驾驶游艇完成了环游世界的壮举，从而改写了他自己创下的最高龄单人驾驶游艇环游世界的纪录。

这名老人叫斋藤实，他驾驶的 Nicole BMW Shuten-dohji III 号游艇于 2011 年 9 月 16 日驶进横滨港，结束了长达 24766 海里（约合 45866 千米）的航行，完成了他的第 8 次环球航行。斋藤同时也是完成 8 次环球航行的第一人。

这次环游世界开始于 2008 年 10 月，选择的路线是"自西向东"，与盛行风的方向相逆，因此途中撞到漂浮冰块和残骸的概率较大，所以此行对航行者来说非常具有挑战性。

斋藤实起初计划用 287 天的时间完成，不过他遇到了一般人难以想象的困难而拖延了行程：一次地震、两次海啸、多座巨大的冰山、巨大的海浪以及 5 次台风。

据他回忆，最艰难的时刻是在非洲好望角，当时连续 3 天刮着狂风，海浪高达 30 英尺（约合 9 米），他的游艇受损严重，幸好最终智利海岸警卫队员将他救起。随后进入冬季，他不得不在世界最南端城市彭塔阿雷纳斯的一个小港度过数月，"那些钢制的大渔船从两边撞击我的游艇，若它不是钢制的，估计早被撞沉了。"后来他的健康还真的出现了问题，遂在智利一家医院接受了一次疝气手术。

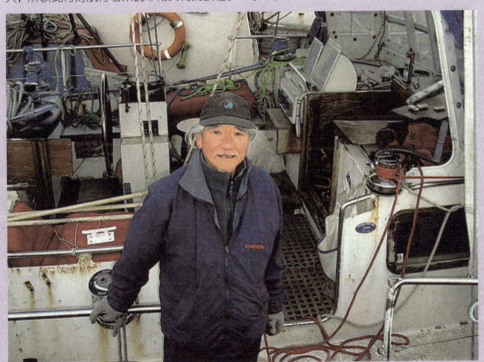

129

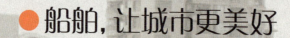 船舶，让城市更美好

上海世博会中国船舶馆 >

　　上海世博会中国船舶馆位于浦西世博园区，占地面积约5000平方米，形似船的龙骨，借喻中国民族工业坚强的精神。

　　上海世博会中国船舶馆展馆的建设应用了最新的环保技术、智能化灯光的互动效果和借助先进的多媒体视觉技术，形成绿色环保展示环境，充分体现领航新时代，享受水生活，让参观者提前体验未来水域城市生活的美景，人与船舶、人与城市的紧密关系，集中体现"中国造船"元素，体现中国造船工业发展前景和对未来的展望。

船舶馆特点 >

上海世博会浦西园区的主体，即有140多年历史的江南造船厂，为中船集团下属企业。因此，中国船舶馆是中船集团搬迁后"重回"老厂的一次特殊的"世博之旅"。

中国船舶馆占地面积约5000平方米，利用江南造船厂原址的一个旧厂房进行重新设计和改造。中国船舶馆的弧线构架，形似船的龙骨，又似龙的脊梁，借喻中国民族工业坚强的精神。

在上海世博会"城市，让生活更美好"的主题之下，中国船舶馆的主题确定为"船舶，让城市更美好"。通过展示未来船舶、水城市、水世界，来体现新能源、新空间、新生活，探索地球可持续发展和人类文明的新模式。

中国船舶馆的建设应用最新的环保技术、智能化灯光以及先进的多媒体视觉技术，形成绿色环保展示环境，以此让参观者体验未来水域城市生活的美景以及人与船舶、人与城市的紧密关系，同时体现中国造船工业发展前景和对未来的展望。

中国船舶馆建在江南造船厂原址之上，具有特殊的历史意义。140多年前，我

国近代第一家民族工业企业——"江南制造局"就诞生在这里，是中国近代船舶工业发展的一个重要里程碑。如今，中国年造船总量已居世界第二位，并正在向世界造船第一大国迈进。

设计理念 〉

中国船舶馆通过展示未来船舶——水城市、水世界，来体现新能源、新空间、新生活，探索地球可持续发展的情景和人类文明的新模式。上海世博会中国船舶馆的建筑设计和展示设计，贯穿了"船舶，让城市更美好"的参展主题，演绎了"龙之脊，景之最"的理念。

中国航海日 〉

我国是海洋大国、航海大国，我国有300多万平方千米的蓝色国土，有1400多个港口和21万艘运输船舶。我国外贸进出口物资90%由海运承担，2011年，已成为世界第一大造船国。航运、港口、渔业、造船、海洋石油开发等产业在国民经济和社会发展中占据十分重要的地位。

中国是世界航海文明的发祥地之一。郑和下西洋，比哥伦布发现美洲新大陆早87年，比达·伽马绕过好望角早98年，比麦哲伦到达菲律宾早116年。郑和是世界航海先驱。郑和航海所蕴涵的民族精神已超越国界，成为世界文化遗产。

7月11日是郑和下西洋首航的日期，这一天对中国航海事业具有重要的历史纪念意义。故将每年的7月11日定为法定"航海日"。这是对中国历史悠久的航海文化及民族精神的传承与发扬。

　　每年 3 月 17 日是国际航海节日"世界海事日"，最早出现在 1978 年。由于 1978 年 3 月 17 日正值《国际海事组织公约》生效 20 周年，1977 年 11 月的国际海事组织第十届大会通过决议，决定今后每年 3 月 17 日为"世界海事日"，因此 1978 年 3 月 17 日成为第一个世界海事日。1979 年 11 月，国际海事组织第十一届大会对此决议作出修改，决定具体日期由各国政府自行确立，考虑到 9 月的气候较适宜海事活动，因此国际海事组织建议设立于 9 月最后一周的某一天。

图书在版编目（CIP）数据

船长海上日记/刘晓玲编著. —长春：北方妇女
儿童出版社，2015.7（2021.3重印）
（科学奥妙无穷）
ISBN 978-7-5385-9333-4

Ⅰ.①船… Ⅱ.①刘… Ⅲ.①海洋—青少年读物
Ⅳ.①P7-49

中国版本图书馆CIP数据核字（2015）第146850号

船长海上日记
CHUANZHANGHAISHANGRIJI

出 版 人	刘　刚	
责任编辑	王天明　鲁　娜	
开　　本	700mm×1000mm　1/16	
印　　张	8.5	
字　　数	160千字	
版　　次	2015年9月第1版	
印　　次	2021年3月第3次印刷	
印　　刷	汇昌印刷（天津）有限公司	
出　　版	北方妇女儿童出版社	
发　　行	北方妇女儿童出版社	
地　　址	长春市人民大街5788号	
电　　话	总编办：0431－81629600	

定　　价：29.80元